Os Futebolíssimos

O MISTÉRIO DO GOLEIRO FANTASMA

Roberto Santiago

Ilustrações de Enrique Lorenzo

Tradução Alexandre Agabiti Fernandez

Título original: *Los Futbolísimos: El misterio del portero fantasma*
© Roberto Santiago, 2014 (texto) e Enrique Lorenzo, 2014 (ilustrações)
© Ediciones SM, 2014
Impresores, 2
Parque Empresarial Prado del Espino
28660 Boadilla del Monte (Madri)
www.grupo-sm.com

Coordenação editorial: Graziela Ribeiro dos Santos
Assistência editorial: Olivia Lima

Preparação: Marcia Menin
Revisão: Carla Mello Moreira

Edição de arte: Rita M. da Costa Aguiar
Caligrafia: Robson Mereu
Produção industrial: Alexander Maeda
Impressão: A. S. Pereira Gráfica e Editora EIRELI

Dados Internacionais de Catalogação na Publicação (CIP)
(Câmara Brasileira do Livro, SP, Brasil)

Santiago, Roberto
　　Os Futebolíssimos : O mistério do goleiro fantasma / Roberto Santiago ; ilustrações Enrique Lorenzo ; tradução Alexandre Agabiti Fernandez. -- 1. ed. -- São Paulo : Edições SM, 2018.

　　Título original: Los Futbolísimos : El mistério del portero fantasma.
　　ISBN 978-85-418-2031-8

　　1. Ficção - Literatura infantojuvenil
I. Lorenzo, Enrique. II. Título.

18-15224　　　　　　　　　　　　　　CDD-028.5

Índices para catálogo sistemático:
1. Ficção : Literatura infantojuvenil 028.5
2. Ficção : Literatura juvenil 028.5

Iolanda Rodrigues Biode - Bibliotecária - CRB-8/10014

1ª edição junho de 2018
7ª impressão 2025

Todos os direitos reservados à
SM Educação
Avenida Paulista 1842 – 18°Andar, cj. 185, 186 e 187 – Cetenco Plaza
Bela Vista 01310-945 São Paulo SP Brasil
Tel. (11) 2111-7400
atendimento@grupo-sm.com
www.smeducacao.com.br

Um minuto e vinte e nove segundos.
Estamos empatados.
Camunhas tem Messi, Kun Agüero e Neymar no time dele.
Eu tenho Iniesta, Falcão e Cristiano Ronaldo no meu.
O "3 contra 3" é o melhor *videogame* do mundo.
O tempo corre.
Só faltam um minuto e dezessete segundos para terminar.
Messi tabela com Kun, dribla Iniesta e chuta...
... na trave.
A partida continua empatada.
Não há goleiro.
Só três jogadores em cada time.
Vence o primeiro que marcar dez gols.
Um minuto e oito segundos.

Falcão domina a bola no meio do campo. Avança alguns metros e, sem pensar, chuta para o gol... Uuuuuuuu!

A bola raspa no travessão e sai.

A única exceção é: se o tempo regulamentar acabar e nenhum dos times fizer dez gols, os dois perdem.

Não existe empate.

Só vitória ou derrota.

Faltam cinquenta e três segundos.

O placar está 9 a 9.

Ganha quem marcar primeiro.

Kun gira com a bola controlada e passa para Neymar, que corre pela lateral.

Cristiano Ronaldo tenta pará-lo, mas Neymar pula por cima dele.

Cruza na pequena área... e Messi chega para arrematar.

Mas no último segundo Iniesta tira a bola.

Camunhas e eu estamos jogando nossa última partida das férias.

A definitiva.

Hoje é domingo, 6 de setembro.

Amanhã, segunda-feira, começam as aulas na escola.

Jogamos "3 contra 3" as férias todas.

Cada um ganhou exatamente 286 partidas.

Mudamos de jogadores.

Mudamos de campo.

Mudamos de camisa.

Fizemos todos os testes possíveis no *videogame*.

E, no fim, estamos empatados.
Trinta e nove segundos.
Falcão pega a bola de novo, Kun avança com velocidade, parece que vai cruzar... mas, no último momento, ele entra na grande área, gira e, de surpresa, acerta um tremendo chute na bola.
Nós dois ficamos olhando sem nos mexer.
A bola vai com tudo para o gol... porém bate na trave e o rebote cai nos pés de Cristiano. Ele está sozinho com a bola, na frente do gol vazio.
Eu só tenho que empurrar a bola e marcar o gol.
Fico parado um segundo ou dois antes de chutar. Não quero errar.
Tempo demais.
Neymar dá um carrinho e sai com a bola.
Perdi uma chance de ouro.
Vinte e dois segundos.
Se ninguém fizer gol, as férias não terão dado em nada.
Além disso, Camunhas e eu fizemos uma aposta muito importante.
Quem perder terá que ir ao pátio da escola, no primeiro dia de aula, e beijar uma menina na frente de todo mundo.
Tem que ser uma menina da escola.
Essa é a única condição.
É uma bobagem.
Mas foi o que nós apostamos.
Camunhas mexe seu controle como se estivesse louco.

Fica de pé.

Olho para ele e depois para a tela. Então vejo Neymar, que dá um chutão na direção do campo adversário.

Messi chega e controla a bola.

Tenho que pará-lo de qualquer jeito.

O tempo está quase acabando.

Messi gira e dribla Iniesta.

Olho para Camunhas pelo canto dos olhos. Ele está vermelho por causa do esforço.

Talvez eu pudesse empurrá-lo.

Só que não faço isso.

Messi continua avançando com a bola.

Falcão vem correndo por trás.

Tenho que chegar, tenho que chegar... preciso pará-lo.

Eu também me levanto e aperto o controle com todas as minhas forças.

Oito segundos.

Uma ideia me vem à cabeça: posso desconectar o *video-game* e dizer que foi sem querer.

Messi continua correndo com a bola nos pés.

Falcão galopa atrás dele.
Seis segundos.
Cinco.
Quatro.
Messi chuta para o gol.
A bola voa.
Três.
Fico paralisado.
Dois.
A bola está quase entrando.
Um.
E...
GOL.
Golaço do Camunhas.
No último segundo.

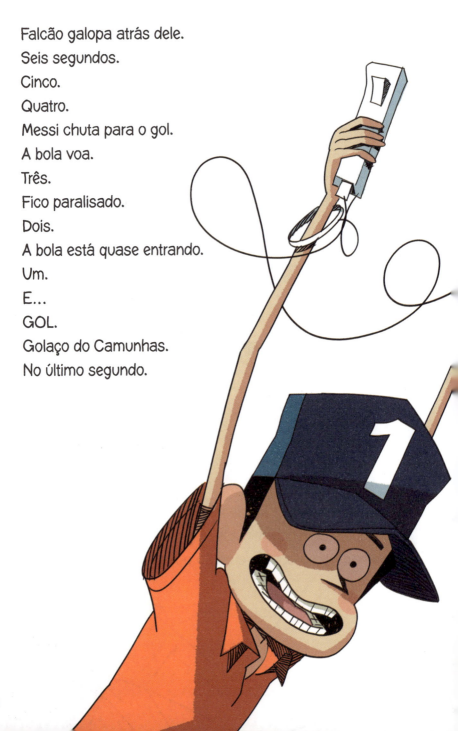

2

No primeiro dia de aula, todo mundo se olha como se tivesse muita coisa para contar.

— O que você fez nas férias?

— Fui visitar meus avós no interior, onde eles moram.

— Você tá mais gordo.

— E você tá mais magro.

— E você mais alto.

— Mas você não.

E por aí vai.

Depois de cinco minutos, o pessoal percebe que não tem mais nada para contar, e então o novo ano escolar realmente começa.

Mas, naquele ano, o primeiro dia de aula foi muito especial.

Para começar, eu tinha que beijar uma menina no pátio, na frente de todo mundo.

Essa era a aposta.

Camunhas não tinha esquecido.

Assim que cheguei à escola, às sete horas, ele se aproximou de mim e disse:

— Tem que ser na frente de todo mundo.

— Tá bom — respondi.

— Escolha bem, porque todos vão ver — insistiu.

— Tá bom, tá bom...

E entrei na classe.

Não conseguia pensar em outra coisa.

Tinha que beijar uma menina.

E tinha que ser naquele dia.

Quem mandou fazer uma aposta tão absurda?

Lá estava a maioria dos meus companheiros do time de futebol, falando sobre as férias.

Tomás, o zagueiro, e Aflito, o lateral direito, conversavam. Aflito se queixava das picadas de mosquito e Tomás contava que tinha batido o recorde mundial de tomar sorvete de chocolate na cidade dos pais dele.

Marilyn, a capitã, comentava com Anita, a goleira reserva, que tinha ido à Colômbia visitar seus tios e avós.

Toni, a estrela da equipe, o artilheiro supermetido, deu um cascudo na nuca do Oito.

— É pra estrear seu corte de cabelo — disse e se afastou.

— E aí, você já decidiu quem vai beijar, Canela? — perguntou Camunhas.

— Nãããão! — respondi.

Mas era mentira. Eu já sabia quem ia beijar.

Só que não a via em nenhum lugar.

Quando estava pensando nisso, de repente ouvi uma voz atrás de mim.

— Oi, Canela, você não cumprimenta mais?

Eu me virei e vi... Helena.

Estava mais bonita do que nunca.

E mais alta.

E mais... tudo.

Ela era a mesma e não era a mesma. Não sei se dá para entender.

— Oi — disse eu.

Só fazia um mês que não a via, mas ela tinha mudado muito durante esse tempo.

— Fui com meus pais a um *camping* em Laredo. Íamos à praia todos os dias, voamos num balão e também num aviãozinho sem motor, e todas as noites a gente jantava ao ar livre na frente de uma fogueira... Só voltamos ontem porque hoje começavam as aulas, senão teríamos ficado mais tempo — falou Helena. — E você? O que fez?

Eu pensei no "3 contra 3".

E na aposta.

Helena estava bem na minha frente.

Podia dar um beijo nela nesse instante.

E pronto.

Afinal, não seria o primeiro.

No entanto, percebi que me daria muito mais vergonha dar um beijo nela do que beijar qualquer outra menina da escola ou do mundo.

— Então, o que você fez nas férias? — insistiu Helena.

Podia dizer a verdade: "Passei as férias inteiras jogando *videogame* com Camunhas".

Mas, em vez disso, encolhi os ombros.

— Fiquei por aí — disse.

Ela cravou seus enormes olhos em mim e riu.

E foi isso.

Porque então o sinal tocou e lá veio a primeira aula do primeiro dia.

Não poderia ser outra: matemática.

Com a matemática, sempre me acontece a mesma coisa.

Abro o livro no começo do ano com a esperança de que vou gostar, como se pudesse encontrar algo diferente, e então me dou conta de que nada mudou.

No ano passado, eu estava quase repetindo na matéria, mas acabei passando graças ao futebol, por mais estranho que pareça. De repente, fiquei com muita vontade de saber a probabilidade que tínhamos de ganhar o último jogo do campeonato e salvar nosso time, então Mutuca me aprovou pelo interesse que eu havia demonstrado.

Mutuca é nosso professor de matemática.

Toda vez que ele fala, faz um ruído como se fosse uma mosca voando: "Zzzzzzzzzzzzz".

Daí o apelido Mutuca.

Ele me parecia um pouco mais simpático do que no ano passado, porque tinha me aprovado e me livrado de estudar durante as férias.

Por isso, agora eu tinha esperança.

Porém Mutuca logo me trouxe de volta à realidade.

Ainda nem tínhamos terminado de nos sentar e ele já estava dando a primeira prova do ano.

— Uma prova surpresa de boas-vindaszzzz — disse.

Mutuca explicou que aquele ano era muito importante porque íamos estudar matemática aplicada à vida real, que, pelo visto, era igual à matemática que tínhamos estudado nos outros anos, só que mais complicada.

— Neste ano, todos precisam estar mais preparados do que nunca — acrescentou. — Não dá para viver sem saber matemática.

Meus pais também falam o tempo todo que um dia eu vou perceber a importância da matemática.

— Algum dia — diz minha mãe.

— Exatamente — acrescenta meu pai.

E ficam cheios de si.

Mutuca se levantou e começou a escrever as perguntas da prova na lousa muito rápido.

O primeiro problema tinha a ver com futebol.

Desenhou um campo, nos deu as medidas de largura e comprimento e nos pediu que calculássemos a superfície de tudo o que havia nele: as grandes áreas, as pequenas áreas, o círculo central, a meia-lua de cada área... até o quarto de círculo das marcas de escanteio.

Era tanto cálculo que me deu dor de cabeça só de pensar.

Então, quando estávamos no décimo minuto da prova e minha cabeça estava cheia de números, a porta se abriu.

E entrou alguém que tornaria esse começo de ano o mais incrível das nossas vidas.

4

— Olha, que baixinho! — sussurrou Anita.
— E que magro! — falou Marilyn.
— E que bonito! — acrescentou Anita.
Não sei se era bonito ou não.
Mas era muito baixo.
E muito magro.
E muitas outras coisas. Coisas que só soubemos depois.
Ah! Também era chinês.
— Esse é Deng Wao — disse Estevão, o diretor da escola, que o acompanhava quando entraram na classe. — É o novo colega de vocês. Ele veio com os pais de Tianjin, que fica na China e é uma das cidades mais importantes do país...
— Estamos no meio de uma prova — interrompeu Mutuca. — Se o senhor não se importar...
Estevão ergueu um pouco as sobrancelhas.

Ele adora falar e demonstrar que sabe muito sobre todas as coisas.

— Uma prova, estou vendo... — disse, com certeza também surpreso por estarmos fazendo prova no primeiro dia de aula.

— Vá para seu lugar, caro Wao — falou Mutuca, que nos chama assim, apesar de termos apenas onze anos.

Deng Wao foi então para a primeira fila, onde havia a única carteira vaga na classe. Todos nós olhamos para ele, e as meninas cochicharam novamente.

— Como é magro! Parece um palito — comentou Camunhas, que estava de mau humor desde que tínhamos chegado.

Quando Deng Wao se sentou, Estevão dirigiu-se para a sala dele e continuamos a fazer a prova.

O novo aluno se ergueu, pegou uma das folhas que Mutuca tinha colocado num canto da sua mesa, voltou ao seu lugar e pôs-se a escrever.

— Você não é obrigado a fazer a prova, não precisa se preocupar...

— Não problema — respondeu Deng Wao, escrevendo sem parar.

Depois de alguns minutos, ele se levantou bem sério, entregou a prova e se sentou de novo.

Mutuca o observou surpreso, com os olhos por cima dos óculos, como se Deng Wao estivesse zoando com a cara dele.

Depois, baixou a vista para a folha de papel... e arregalou os olhos.

Passou o resto do tempo corrigindo as provas e olhando de vez em quando para Deng Wao por cima dos óculos.

A cada folha que corrigia, fazia um "zzzz", o que significava "ruim" ou "muito ruim", dependendo se o ruído fosse curto ou longo. Quando chegou a vez da minha prova, eu entendi por que ele fez "zzzz" três vezes.

Mutuca terminou a correção, arrumou os óculos e, olhando para todos muito sério, anunciou:

— Neste ano, caros alunos, vocês vão mudar de lugar nas minhas aulas. Quem tirou nota alta na prova vai se sentar com quem tirou nota baixa.

Então, pela primeira vez desde o início dos tempos, pela primeira vez em toda a nossa história no Colégio Soto Alto, Camunhas e eu íamos sentar separados.

Houve resmungos e protestos.

— E os que tiraram uma nota média? — perguntou Helena.

— Ninguém tirou nota média na prova de hoje, zzzzzz — respondeu Mutuca. — Dei nota alta para aqueles que entenderam as perguntas, e nota baixa para aqueles que não entenderam nada. Não há nota média.

Quem menos gostou da notícia foi Toni.

— Não quero mudar de lugar — murmurou.

Toni sempre escolhia o melhor lugar no primeiro dia de aula.

Na última fila. Bem ao lado da janela, para olhar para fora quando ficava entediado, e ao lado do aquecedor, para não passar frio no inverno.

Não sei se eu já disse que Toni é supermetido...

Afinal, todos nós levantamos e mudamos de lugar de acordo com o que Mutuca ia dizendo.

Eu fiquei ao lado da Marilyn, que é a capitã do time de futebol e sempre tira boas notas em matemática, e também em ciências, idiomas, literatura...

Quando ela se sentou ao meu lado, Anita começou a cochichar com outra menina.

As duas apontavam para Marilyn e murmuravam.

Ao vê-las cochichando, ela ficou muito nervosa.

— Você tá bem, Marilyn? — perguntei.

— Sim — respondeu imediatamente, sem olhar para mim.

Camunhas teve que se sentar com o novo aluno.

— Era o que faltava... ter que sentar com o chinês — reclamou ele.

— Não me chamar chinês, me chamar Deng Wao.

Toni riu.

Camunhas ficou um pouco sem jeito.

Mutuca mostrou a prova do Wao para todo mundo e disse:

— Ele é um prodígio, zzzzzz. Vocês deveriam seguir o exemplo do novo colega: acabou de chegar da China, ainda não sabe bem nosso idioma e já está mais adiantado do que o resto da turma...

Tomás levantou a mão.

— O que foi? — perguntou Mutuca.

— Talvez estejam mais adiantados em matemática lá em Tianjin.

Todos riram do que disse Tomás, embora, na real, eu não saiba por quê.

O fato é que Wao havia respondido corretamente a todas as perguntas.

A única que conseguiu se aproximar um pouco dele foi Marilyn, que tinha acertado a metade.

Além de ser a capitã do nosso time de futebol e de adorar mandar, Marilyn faz todas as contas de cabeça e sempre sabe a resposta certa.

As perguntas da prova eram sobre coisas que ainda não

tínhamos nem estudado e que Mutuca ia nos ensinar durante o ano.

— Então, como íamos responder certo? — perguntou Aflito.

Mutuca olhou para ele e disse:

— Essa é justamente a questão, zzzzzzzzzzzzzzz.

Em seguida, começou a ditar alguns exercícios para fazermos em casa.

— Completem os números que faltam nas sequências: espaço, 4, 8, 4, 6...

Wao o interrompeu:

— Eu sei.

Então ele começou a escrever com uma velocidade impressionante.

— Ainda não terminei de enunciar o exercí... — começou a dizer Mutuca.

Mas não terminou a frase.

Wao escrevia muito rápido.

Não fazia barulho, porém escrevia tão depressa e tão concentrado que era impossível não olhar para ele.

— Meu caro, você está bem? — perguntou Mutuca.

Wao murmurou algo em chinês e continuou escrevendo.

Alguns segundos depois, entregou sua folha ao Mutuca.

O professor olhou para a folha, depois para Wao e falou:

— Mas como você sabia? Eu não tinha terminado de enunciar o exercício. Além disso, era para resolver em casa...

Wao não disse nada.

Eu cruzei o olhar com o de Camunhas.
Como ele tinha feito isso?
Era uma espécie de gênio?
Um mago?
Ou tinha lido o pensamento do Mutuca?

O primeiro recreio do ano é a hora de decidir muitas coisas importantes:

— Qual é o jeans da hora (na nossa escola não usamos uniforme).

— Quem completou o álbum de figurinhas do campeonato de futebol (naquele ano, ninguém).

— Quem passou as férias mais legais (era sempre Toni, mas nessas ele não tinha feito nenhuma viagem alucinante, porque a fábrica de batatas fritas do pai estava indo mal, quase fechando).

— E também quem são o menino e a menina mais interessantes do momento.

Mas nada disso importava.

A gente só falava de uma coisa.

— Acho que ele tem poderes. Muitos chineses têm. Li sobre isso na internet — comentou Tomás.

— Mas... vocês têm certeza de que ele leu a mente do Mutuca? — perguntou Helena.

Helena era a única do time de futebol que não estava na nossa classe, por isso muitas vezes tínhamos que contar para ela as coisas que aconteciam.

Estávamos no pátio, conversando sobre o que Deng Wao tinha feito na aula de matemática.

— Se ele leu a mente do Mutuca, então também pode ler a nossa — disse Aflito, nervoso. — Eu não quero que ele leia meus pensamentos, já vou avisando!

— Mas eu adoraria... — falou Anita, pensativa.

— Se ele é capaz de ler a mente, também pode fritar nosso cérebro — afirmou Marilyn, olhando para Aflito, muito séria. — Eu vi num filme: uma menina chinesa explodia a cabeça das pessoas só de olhar pra elas.

Aflito ficou pálido.

— Meu pai diz que os chineses vão conquistar o mundo inteiro — contou Camunhas.

— Seu pai tá na cadeia e não sabe o que diz — provocou Toni.

— Como é? — perguntou Camunhas.

— É isso mesmo — respondeu Toni e olhou fixamente para Camunhas, desafiando-o.

Quique, o pai do Camunhas, tinha sido preso por tentar manipular resultados de jogos durante nosso torneio em Benidorm, nas últimas férias. Ele foi condenado a passar três anos numa coisa chamada regime semiaberto e podia sair todos os fins de semana e também alguns dias. Como estava numa prisão muito próxima da nossa cidade, até que ia bastante para casa. Ele é a única pessoa que conheço que está na cadeia.

Toni e Camunhas olharam um para o outro com cara de poucos amigos.

— Vocês acham que o chinês também pode prever o futuro? — perguntou Oito.

— E mover objetos com a mente? — continuou Anita.

— Mas do que vocês estão falando? — exclamou Helena. — Ele não fez nada demais... Só resolveu um problema de matemática.

— Você não estava lá — declarou Tomás, muito sério. — Foi bem estranho, na real. Você tinha que ter visto.

— Eu também acho que o chinês não tem poderes. Com certeza ele sabia a pergunta. Deve ter visto na mesa do Mutuca ou algo assim. Ele é um mentiroso — afirmou Camunhas. — Mentiroso, fingido e cara de pau, como todos os chineses...

— Ah, mentiroso, não, porque ele não falou que tinha poderes; fomos nós que dissemos isso — opinei.

— Mas de que lado você está? — perguntou ele, irritado.

Camunhas tinha passado o resto da aula de matemática olhando para Wao com cara feia, evitando falar com ele.

Era evidente que não tinha gostado muito dele.

— Qual é seu problema com o Wao? — quis saber Marilyn.

— O que eu tenho com ele é assunto meu — respondeu Camunhas, mal-humorado.

— Mas Wao acabou de chegar... O que ele fez pra você? — insisti.

Camunhas fez um gesto como se quisesse que o deixássemos em paz.

Só que Toni fingiu não entender.

— Foram os pais do Wao que montaram a nova agência de viagens — contou.

Agora, tudo se encaixava.

Quando foi preso, o pai do Camunhas teve que vender sua agência de viagens, a única da cidade.

Os novos donos, pelo visto, eram os pais do Wao.

Vieram da China para tocar o próprio negócio.

E agora tinham um.

— Os chineses querem conquistar o mundo — reclamou Camunhas. — Eles querem ser donos de tudo.

Nós olhamos para ele, tentando entender por que estava tão bravo. Ninguém queria dizer ao Camunhas que, se o pai dele não tivesse feito aquele papelão em Benidorm, nada disso teria acontecido, embora eu ache que todos nós pensávamos isso.

— Eu não sabia que os pais do Wao eram os donos da agência de viagens... — disse eu.
— Isso não tem nada a ver — retrucou Camunhas.
Mas estava na cara que tinha muito a ver.
— Não tá acontecendo nada, Camunhas. Tenho certeza

de que seu pai vai sair logo da cadeia e montar outro negócio e... — tentou animá-lo Helena.

— Me deixe em paz — interrompeu Camunhas, enquanto ia embora.

— No fundo, ele tem razão — falou Toni. — Os chineses estão invadindo tudo.

— Isso é uma grande bobagem — respondeu Marilyn. — Uma coisa é o Camunhas dizer isso, porque tá chateado com o que tá acontecendo com o pai dele, mas você... você deveria ter vergonha.

— Além disso, que culpa têm os chineses de que o pai do Camunhas tentou manipular os jogos, foi preso e teve que vender o negócio dele? — perguntou Tomás.

Saí correndo atrás do Camunhas.

— Não fique assim... ei, Camunhas, espere! — chamei.

Ele parou, virou-se, chegou bem perto de mim e falou no meu ouvido:

— É melhor você se calar e fazer o que já sabe, porque perdeu a aposta.

Estava muito sério.

— Você perdeu — insistiu. — Pague a aposta. Já!

— Tá bom! — exclamei.

Ele não parava de me encher. Sabendo como Camunhas é teimoso, se eu não pagasse logo a aposta, ele passaria a semana inteira me atormentando. E o mês inteiro. E o ano inteiro. E a vida inteira se fosse o caso.

Eu tinha que fazer aquilo.

Era àquela hora ou nunca.

Eu me virei.

Estávamos no meio do pátio.

Vi Helena na minha frente, a poucos metros de distância. Dei alguns passos na sua direção. Olhei para ela, tentando sorrir.

— Tá tudo bem, Canela? — perguntou. — O que o Camunhas te disse?

Engoli em seco.

— Nada — respondi.

— É normal ele ficar bravo com Wao, depois de tudo o que aconteceu com o pai dele — afirmou Helena —, mas você tem que dar uma força para que ele não pense nessas coisas...

Ela continuava a falar, mas eu já não a escutava.

Estava concentrado em outra coisa: tinha que dar um beijo nela, para acabar de uma vez com aquilo.

Era só eu me aproximar mais...

E beijá-la na frente de todo mundo...

E...

Eu não podia fazer isso!

Era Helena!

Então virei para a direita.

E, sem pensar mais, dei um beijo na primeira garota que vi.

Na Marilyn.

Nome completo: Marilyn Rosales Torres.
Idade: 11 anos.
Altura: 1,45 m.
Local de nascimento: Medelín, Colômbia.
Capitã do time de futebol.
Joga com a camisa de número 3.
Lateral esquerda.
Tem cabelos e olhos bem escuros.
Que eu me lembre, nunca tinha pensado em beijar ela.
Não sei por que fiz isso.
Bom, em parte sei, sim.

Para não ter que beijar Helena, é claro.

E para pagar a aposta com Camunhas.

Mas... por que exatamente Marilyn?

Porque era a menina que estava mais perto.

Se naquele momento eu soubesse tudo o que aconteceria, não teria feito isso.

Só que, como disse, fiz sem pensar.

Eu me aproximei dela.

Fechei os olhos.

E beijei ela na boca.

Quando abri os olhos, Marilyn olhava fixamente para mim.

Os outros que estavam ali ficaram em silêncio. Durante um segundo, ou dois, ou talvez três, ninguém pronunciou uma palavra sequer, nem se mexeu, nem nada.

Dei de ombros e sorri.

— Bom, é isso — falei.

Marilyn continuava imóvel, como se estivesse em estado de choque.

Toni começou a rir.

Camunhas, que estava bem longe, também ria, mas meio sem graça.

Helena me encarava, mas não estava rindo exatamente.

Anita perguntou:

— Por que você beijou a Marilyn?

— Eu... bem... — gaguejei. — Não sei por que fiz isso.

Era a verdade.

Não toda a verdade, mas uma parte muito importante. Não disse nada sobre a aposta, claro.

Marilyn ainda olhava para mim, sem se mexer.
Pensei que ia me dar um tapa na cara.
Ou gritar comigo.
Mas, em vez disso, ela fez a última coisa que eu esperava.
Ela se aproximou de mim, me agarrou pela nuca...
... e me deu outro beijo.
Um beijo de língua.
Um beijo muito comprido.
Um beijo interminável, eu diria.
Então o sinal tocou.
Tivemos que voltar para a aula.
Helena foi até Marilyn e a levou dali.
Anita me disse:

— Você deve estar feliz.

E seguiu para a classe.

Não sei o que ela quis dizer. Não estava feliz, nem triste, nem nada. Eu tinha pagado minha aposta, e Marilyn, me dado um beijo infinito.

Camunhas também foi para a sala.

Aflito deu um longo suspiro.

— Isso não vai terminar bem — resmungou.

Tomás acrescentou:

— Aqui todo mundo beija menos eu.

Fui atrás deles, sem entender o que estava acontecendo.

— Olhem só esse Canela! — falou Toni, se aproximando de mim.

— Não, não, eu não...

— Agora que você e a Marilyn vão namorar, acho que não vai ligar de eu sair de novo com a Helena — disse ele, rindo.

Namorar?

Do que ele estava falando?

Tinha sido um beijo por causa de uma aposta. Só isso.

Esse primeiro dia de aula estava sendo o mais estranho da minha vida.

Naquela tarde, quando chegamos ao campo de treinamento, Felipe e Alícia, nossos treinadores, tinham uma surpresa para nós.

— Adoro surpresas! — exclamou Anita.

— Eu não — suspirou Aflito. — As surpresas sempre trazem problemas...

— Por favor, Aflito, não quebre o clima — pediu Helena.

Felipe e Alícia nos juntaram no centro do campo e olharam para gente com um sorriso de orelha a orelha.

— Mau sinal — murmurou Aflito.

— Shhhhhh — fizemos todos, para que ele ficasse quieto.

— Neste ano, faremos alguns testes para decidir quem fica no time de futebol — anunciou Felipe.

Se naquele momento uma bomba tivesse caído no campo ou um dragão tivesse passado voando entre nós, teria causado o mesmo efeito.

— Como?! — perguntou Marilyn.

— Por quê?! — emendou Helena.

— Não vamos ser os nove de sempre?! — completou Toni.

Alícia, ao lado de Felipe, balançou a cabeça.

— Bem, não, não vamos continuar com os nove de sempre, porque novos alunos e alunas chegaram à escola, e todos têm o direito de tentar — disse ela.

— Durante a pré-temporada, quem quiser pode se inscrever no time e no dia 30 os treinadores... — prosseguiu Felipe.

— ... ou seja, nós... — explicou Alícia.

— ... vamos anunciar quem fica na equipe definitiva — terminou ele.

Então os dois se olharam e fizeram algo que eu nunca tinha visto treinadores de futebol fazerem num campo.

Eles se agarraram pela cintura... e se beijaram!

Nós nos olhamos com cara de nojo.

O que estavam fazendo? Tinham ficado loucos?

Uma coisa era Felipe e Alícia terem se casado naquele verão (todos nós fomos ao casamento deles na ilha de Tabarca); outra muito diferente era aquilo.

Treinadores de futebol não podem ficar se abraçando e se beijando na frente do time, isso não é sério.

Os técnicos do Real Madrid, do Barcelona ou do Atlético de Madrid não fariam isso.

Você consegue imaginar esses técnicos beijando as mulheres deles e acariciando as mãos delas no campo?

Mas o fato é que Felipe e Alícia tinham voltado das férias muito melosos.

— Ei, a lua de mel já acabou! — exclamou Toni.

E todos nós rimos.

Uma vez na vida o supermetido tinha sido engraçado.

Até Alícia e Felipe deram risada. Eles pareciam tão felizes que nada os incomodava.

Estavam insuportáveis!

— Bem, vocês têm que ficar espertos — avisou Alícia —, porque logo os novos chegarão à equipe e não há lugar para todos.

— Eu avisei — falou Aflito.

Alícia, então, pegou na mão de Felipe.

— E agora vamos correr em volta do campo para aquecer — disse ele.

Os dois começaram a correr na frente...

... de mãos dadas!

— Vão ficar assim o ano inteiro? — perguntou Camunhas. — Se forem, eu caio fora do time.

— Você não precisa cair fora — provocou Toni. — Talvez eles te mandem embora.

— Calma — falou Anita. — Temos que ficar bem unidos pra que eles não dispensem nenhum de nós.

— Isso mesmo — concordou Helena.

— Bom, vamos correr?

Começamos a correr os nove ao redor do campo.

O que podíamos fazer?

Tinham acabado de anunciar que teríamos que competir com outros garotos e garotas para continuar no time.

E, na real, nossos treinadores não pareciam muito preocupados.

Mas nós éramos os Futebolíssimos.

E tínhamos feito um pacto para jogarmos sempre juntos.

Depois da corrida, Felipe e Alícia mandaram a gente disputar um jogo com um gol só...

Eles ficaram na beira do campo, observando a gente.

De vez em quando se beijavam.

Ou se abraçavam.

Cochichavam alguma coisa.

Riam.

E a gente não mandava uma dentro.

Toda vez que os dois se beijavam, Aflito suspirava.

Oito tropeçou quatro vezes.

Helena e eu não marcamos nenhum gol.

Até Marilyn parecia correr mais devagar do que o normal.

Além disso, a capitã estava muito estranha.

Ela é lateral esquerda, e eu costumo ir pela esquerda do campo para entrar pela diagonal e poder chutar a gol com a perna direita. Então, nos jogos, Marilyn sempre acaba me passando a bola.

Mas, nesse jogo, ela não fez isso nenhuma vez.
— Por que você não me passa a bola? — perguntei.
Marilyn não respondeu, nem olhou para mim, nem nada.
O único que parecia tranquilo, como sempre, era Toni. Estava na dele, fazendo gols, driblando e se comportando como o supermetido que era.
Depois de mandar a bola bem longe do gol em outro chute, olhei para onde estavam Felipe e Alícia.

Eles continuavam dizendo coisas ao pé do ouvido.

— Se isso é ser casado, vou morrer solteiro — falei, enquanto recuperava o fôlego.

Assim que disse isso me arrependi, porque Marilyn, ao meu lado, ficou vermelha como um tomate. Os outros riram.

No final do treino, conversei com Camunhas.

— Estou cansado da história com a Marilyn. Vou dizer a verdade pra todo mundo.

— Não, você não pode. Se disser que foi uma aposta, não vale e você vai ter que pagar de novo — respondeu ele.

— A gente não falou sobre isso! — protestei.

— Tem coisas que não precisam ser ditas, porque todo mundo sabe. Todas as apostas do mundo funcionam assim. Se você não sabia, não é culpa minha. Ninguém te obrigou — retrucou Camunhas.

— Então não posso dizer que o beijo foi por causa de uma aposta?

— Não.

Fiquei com vontade de dizer para ele não apostar mais, que por causa disso o pai dele estava na prisão.

Mas não fiz isso porque seria golpe baixo. Camunhas é meu melhor amigo e ele também tinha tido um dia ruim.

Então não falei mais nada.

Fomos até a porta do vestiário, onde os outros estavam.

— Não entendo. Por que eles inventaram esses testes bem neste ano? Vocês acham que eles não estão contentes com a gente? — perguntou Marilyn.

— Claro que estão! Se não estivessem, teriam dito — comentou Helena. — Vocês conhecem bem os dois.

— Como podem estar contentes? No ano passado, quase caímos... — resmungou Camunhas.

— "Quase", você disse, mas não caímos. Além do mais, em Benidorm chegamos à final — declarei.

— Tenho certeza de que vou ser mandado embora do time... — suspirou Aflito.

— Eu também vou — falou Tomás.

— E eu também — emendou Oito.

— E eu.

— E eu.

Todos nós dissemos a mesma coisa.

Todos menos um.

— Eu não! Tenho certeza de que vou continuar. Sinto muito por vocês. Bem, na verdade eu não sinto tanto assim — afirmou Toni.

— Então você prefere que venham os novos e mandem a gente embora? — perguntou Helena.

— Eu não disse isso — respondeu Toni. — Só acho que o

mais justo é que todos da escola tenham uma oportunidade. Ou vocês acham mais justo continuar no time mesmo tendo outros melhores?

Ficamos mudos.

A coisa não era tão simples.

— De repente você ficou muito preocupado com a justiça — disse Marilyn.

— E qual é o problema? — retrucou Toni.

— Bem, é melhor a gente não discutir. Ainda não sabemos quantos vão aparecer nem em quais posições jogam — ponderou Anita.

— Além disso, quem vai querer se juntar ao nosso time? — perguntou Aflito.

— Aflito tem razão nisso — falou Tomás.

— Também não somos tão ruins. Ganhamos da Inter! — exclamou Helena.

— E encaramos o Cronos, o melhor time do mundo — acrescentou Marilyn.

Na real, nos últimos meses, tínhamos jogado algumas partidas muito boas.

Mas ainda éramos o Soto Alto, um dos piores times do campeonato.

— Bem, vamos embora? — sugeriu Tomás. — Estou com fome.

— No final, seremos os nove de sempre, vocês vão ver — garantiu Helena.

— E, com um pouco de sorte, ninguém aparece — completou Camunhas.

Na manhã seguinte, o grande mural de cortiça do *hall* da escola, onde são afixados todos os avisos, as notas, os anúncios de aulas particulares, os desenhos da educação infantil e tudo o mais, tinha uma folha enorme.

Nela estava escrito:

INSCRIÇÕES PARA OS TESTES
DO TIME DE FUTEBOL 7
ASSINE AQUI

Até aquele momento, havia apenas um nome escrito: "Deng Wao".

8

"Deng Wao, goleiro."

Camunhas começou a balbuciar quando viu aquilo.

— Goleiro... o chinês quer ser o goleiro do time. Era o que faltava...

Dei um tapinha no ombro dele.

— Não se preocupe, talvez ele seja muito ruim — falei.

Embora, não sei por quê, eu não achasse isso.

— Só pode ser brincadeira — reclamou Camunhas. — É o fim do mundo. Não posso ficar ao lado desse chinês na aula. Não posso...

— Calma.

— Primeiro, os pais dele tiram a agência do meu pai...

— Bom, não tiraram. Eles compraram...

— Dá no mesmo. Eles se aproveitaram dele — disse Camunhas. — Você sabe quanto eles pagaram pela agência? Você sabe quanto?

Balancei a cabeça.

— Eu também não sei — afirmou Camunhas —, mas foi uma merreca, porque meu pai tinha que vendê-la por qualquer preço...

— Pois é — falei, só para dizer alguma coisa.

— Depois o Mutuca manda ele se sentar do meu lado...

— Isso, sim, é coincidência.

— E agora ele quer ficar com o meu lugar no time de futebol — arrematou Camunhas, cada vez mais irritado. — Isso eu não aceito... Estou te dizendo, Canela, isso eu não aceito.

Então, Wao apareceu.

— Oi — cumprimentou, sorrindo.

— Pfff — fez Camunhas e saiu pelo corredor, sem mais.

— Vi que você se inscreveu no time — comentei.

— Gostar muito futebol — disse ele, sorrindo de novo.

— Muito bem, cara.

Na real, eu não tinha nada contra Wao.

Mas, como Camunhas ficava nervoso, eu me sentia meio esquisito quando falava com ele.

— E você já jogou como goleiro em algum outro time? — perguntei.

— Em escola Tianjin — respondeu.

— Ah, tá, e você é bom?

Wao coçou o nariz.

Coçou o nariz de novo.

E falou:

— Não poder dizer. Você vai ver.

E foi para a aula.

Esperamos o dia todo para ver quem mais se inscreveria na lista. Entre uma aula e outra, íamos dar uma olhada no mural e voltávamos correndo para a classe.

— Já são dois.

— Três.

— Quatro...

No fim do dia, sete novos jogadores tinham feito inscrição no time de futebol.

— Sete, um time inteiro! — exclamou Tomás.

— É muita gente — suspirou Aflito. — Eu vou ficar de fora, com certeza...

Helena leu a lista em voz alta:

— Luís Pacheco, zagueiro; Antônio Pacheco, zagueiro; Andrea Corominas, meio-campo; Pablo Leguizamon, meio-campo; Gabriel Ortiz, meio-campo; Pilar Graciano, atacante; e Deng Wao, goleiro.

Cinco meninos e duas meninas.

Ficamos lá, em silêncio, na frente da lista.

— Quanta gente, meu querido!

Minha mãe, que se chama Joana, tem o dom de aparecer quando a gente menos espera.

Estávamos no meio do campo de futebol, prontos para o treino com todos os novos. E minha mãe voltou a dizer:

— Viemos te apoiar, meu querido!

Minha mãe tinha me chamado de "meu querido" na frente de todo mundo.

Duas vezes.

Meu nome é Francisco, ou Chico, ou Canela. Não "meu querido".

Meu pai estava ao lado dela.

O segundo treino do time despertou muito mais expectativa do que o primeiro. Além do diretor da escola, Estevão, vieram a nova presidente da Associação de Pais, Maria Dolores (a mãe da Marilyn), outros pais e mães e alguns alunos.

— Por que vocês vieram? — perguntou Camunhas.

— No ano passado, não apareceram nenhuma vez para ver um treino — disse Tomás.

— Eles acham que isto aqui é um *reality show* e querem ver quem vai sair do time — afirmou Toni.

— Mas talvez assim a gente consiga que deem mais atenção ao time — opinou Helena.

Numa metade do campo, estavam os novos.

E, na outra, os de sempre, ou seja, nós: Camunhas, Tomás, Aflito, Marilyn, Toni, Helena, Oito, Anita e eu.

Felipe e Alícia saíram do vestiário. Parecia que estavam muito felizes por ver todas aquelas pessoas ali.

Alícia tinha um megafone na mão. Aproximou-o da boca e falou:

— Olá a todos!

E depois:

— Estamos felizes por ter tanto público este ano!

E riu como se tivesse dito algo muito engraçado.

Felipe, que estava ao lado dela, também riu. Ele pegou o megafone e anunciou:

— Agora vamos apresentar os dezesseis candidatos ao time de futebol do Soto Alto.

Como assim?

Todos nós éramos candidatos?

— Eu achava que os candidatos eram os novos — disse Oito.

— Bem, você tá vendo que não — respondeu Anita.

Ficamos todos em fila no meio do campo e, cada vez que diziam um nome, Alícia jogava uma bola e o garoto ou a garota saía correndo. Começaram com os nove de sempre.

Como já conheciam a gente, eles não pareciam estar muito interessados.

Todos queriam ver os novos.

Disseram nossos nomes, demos alguns chutes na bola e depois passaram para aqueles que todos estavam esperando.

— E, agora, as novas aquisições do Soto Alto. Aqui estão os temíveis irmãos Pacheco, Luís e Antônio, dois zagueiros duros de roer — falou Felipe no megafone.

Quando a bola caiu, eles saíram correndo ao mesmo tempo como *dobermanns*, se empurrando e disputando a bola. Só faltava latirem. Eram tão altos que tinham uma cabeça de vantagem em relação a nós. Usavam o cabelo raspado atrás e dos lados, com os fios curtos e espetados no topo, como uma escova. E as sobrancelhas deles eram tão peludas que se juntavam, formando uma só.

— De onde saíram esses dois? — admirou-se Camunhas.

— Tem certeza de que eles têm onze anos? — perguntou Marilyn.

Felipe continuou as apresentações:

— Agora, o cérebro e as pernas trabalhando em harmonia.

Não é à toa que ela tem o mesmo nome do Andrés Iniesta... Com vocês, a pequena Andrea!

A tal Andrea, que eu não tinha visto até então, era magricela e muito habilidosa. Assim que recebeu a bola, levantou-a e foi fazendo embaixadinhas com a cabeça, os ombros e os pés até a lateral, até que, sem deixar a bola cair, deu um chute forte. A bola voou... e voou... até parar exatamente nas mãos de Alícia.

— Vamos nos render? — propôs Aflito.

Os pais, as mães e todos que estavam na arquibancada aplaudiram pra valer. Parecia que estavam se divertindo.

Estevão, o diretor, foi o que mais aplaudiu.

— Que timaço teremos este ano! — exclamou ele.

— Mas não devemos esquecer aqueles que estão há mais tempo no time — falou meu pai.

— Sim, meu caro, sim.

Só os novos estavam chamando a atenção.

Felipe e Alícia se acariciaram e seguiram.

— Vindos de Ourense, na Galícia, temos o prazer de apresentar Ortiz e Leguizamon.

Ortiz tinha orelhas enormes, e Leguizamon, um topete gigante. Os dois vieram da Galícia porque, ao que parecia, uma fábrica de carros de lá tinha fechado e os pais deles tinham sido transferidos para a unidade que fica nos arredores da nossa cidade.

O fato é que eles eram amigos e já tinham jogado futebol juntos.

Fizeram várias tabelinhas, perfeitamente sincronizados, e, de fora da área, Ortiz deu um chutaço que fez a bola entrar no ângulo.

Não foi nada do outro mundo, mas as pessoas já haviam sido conquistadas e aplaudiam com entusiasmo.

— Com pernas impossíveis de alcançar, apresento agora a corajosa Pilar — anunciou Felipe.

— Pode me chamar de Pili — disse a garota.

Alta e bonita, corria mais rápido do que qualquer um que eu já tinha visto na escola.

Ela deu um tremendo pique pela lateral, com a bola grudada nos pés, deixando um rastro de poeira por onde passava.

Acho que se tivessem cronometrado, teria batido algum recorde.

No fim da corrida, ela chutou a bola, que desenhou uma parábola perfeita e cruzou a área. Foi um ótimo lance, na real.

Depois ela cumprimentou todos com uma reverência e um grande sorriso.

— Essa Pili não é ruim — comentou Toni.

— Pra mim, não é nada do outro mundo — falou Helena.

Felipe pegou o megafone.

— E, finalmente, recém-chegado do distante Oriente, o mandarim do gol: Deng Wao.

Camunhas soltou um grunhido.

O resto do campo ficou em silêncio.

Deng Wao se posicionou no gol.

Parecia mais baixinho ali. Os goleiros costumam ser altos. Mas Wao fugia à regra em vários aspectos.

Felipe chutou a bola.

Wao apenas levantou uma das mãos e a bola bateu nela.

Foi uma boa defesa.

— Mais — pediu Wao.

— O quê? — perguntou Felipe.

— Chutes mais — insistiu Wao.

Felipe e Alícia se olharam.

Da arquibancada, Estevão gritou:

— Chutem umas bolas para ele ver como é!

Dito e feito.

Felipe distribuiu várias bolas pela área.

E, sem esperar, todos nós começamos a chutar a gol.

O primeiro foi Camunhas, que bateu com muita vontade.

Mas Wao, quase indiferente, levantou as duas mãos e pegou a bola.

Começaram a chover chutes.

Um depois do outro.

E ele defendia todos, sem nenhum esforço.

Era como se as bolas fossem na direção dele e não o contrário.

Todos aplaudiram bastante.

Até minha mãe se levantou e gritou:

— Viva Deng Wao!

O diretor estava tão orgulhoso que parecia que as mãos dele iam explodir de tanto aplaudir.

Camunhas e eu cruzamos o olhar.

Aquilo era muito pior do que tínhamos pensado.

Os novos eram bons demais.

Então fizemos a única coisa que podíamos fazer: convocamos uma reunião dos Futebolíssimos.

A reunião seria à noite, e antes eu tinha que jantar com meus pais.

Era um dos três dias da semana em que na minha casa jantávamos com a tevê desligada, só com música.

— Assim podemos conversar, olhar uns para os outros, contar nossas coisas — dizia meu pai.

Não sei o que minha cara tem, mas a do meu irmão eu não quero nem ver, e acho que ele também não tá afim de ver a minha.

Meu irmão, Victor, é um "adolescente", que eu acho que é uma das piores coisas que se pode ser no mundo. Ele só se preocupa com três coisas: espinhas, namoros e roupas.

Bom, e também com me chamar de "pirralho" e me dar uns cascudos.

— Me passa o pão, pirralho — disse ele.

Como eu não queria discutir naquela noite, não respondi e apenas passei o pão.

Olhei para meus pais.

— Parece que todo mundo gostou dos novos do time — falei. — Vocês também?

— Você tem que admitir que eles são bons, Francisco — afirmou meu pai.

— Vocês são tão ruins que, quando chega alguém mais ou menos, parece um craque — provocou Victor.

— São muito bons... e aquele garoto Deng Wao... enfim, acho que este ano finalmente vamos ter um ótimo time — comentou minha mãe.

— Como você pode defender os novos desse jeito? — protestei. — E a gente?

— Vocês... estão lá — respondeu minha mãe.

Embora não tenha dito, dava para ver claramente nos olhos dela que preferia um milhão de vezes os novos aos de sempre.

— Joana, também não é assim — interveio meu pai. — O que todos nós queremos? Que Francisco jogue com seus amigos ou que o Soto Alto ganhe?

Minha mãe sorriu e respondeu:

— Que o Soto Alto ganhe!

Victor caiu na risada.

— É que às vezes não se pode ter tudo, filho. Gostaria que você jogasse com seus amigos de sempre e que fizesse muitos gols, mas, se não pode ser assim... então que pelo menos o Soto Alto ganhe, né? — repetiu minha mãe.

"Não se pode ter tudo..."

— Bom, vamos mudar de assunto então. Decidimos desligar a tevê porque volta e meia falam de futebol e a gente acaba conversando sempre sobre a mesma coisa — queixou-se meu pai.

— Isso, vamos a outros assuntos. Estou muito feliz por causa dessa história com a Marilyn, Francisco — disse minha mãe.

Fiquei gelado. Como assim?

— Já conversei com a mãe dela e nós duas achamos ótimo — acrescentou ela.

— O que vocês acharam ótimo? Sobre o que vocês conversaram? — perguntei.

Nossas mães sabiam do beijo?

Quem contou e por quê?

Sobre o que elas tinham conversado?

— Bom, que vocês estudem matemática juntos, sobre o que seria? — explicou minha mãe.

— Ah, isso...

— Sim — acrescentou ela. — Pedi para Marilyn te dar uma mãozinha este ano, porque ela é muito boa em matemática e com certeza você vai passar. Amanhã você começa. A primeira aula é na casa dela, certo?

11

À noite, os Futebolíssimos se reuniram na antiga fábrica de tijolos de Sevilhota.

A fábrica está fechada há quatro anos. Os pais e as mães sempre dizem para não irmos lá, pois poderíamos cruzar com marginais.

Mas eu nunca vi ninguém ali.

Naquela noite, só havia vidros quebrados pelo chão, pacotes de tijolos velhos e um cheiro bem forte.

— Que cheiro de xixi! — exclamou Toni com nojo. — Quem escolheu este lugar para fazer a reunião?

Todos nós olhamos para Camunhas.

— Meu irmão me disse que este era o lugar mais secreto de toda a cidade — desculpou-se, não muito convencido.

— Se seu irmão conhece, então não é tão secreto — disse Oito.

— Você contou pro seu irmão sobre os Futebolíssimos? É um pacto secreto! — protestou Marilyn.

— Não, eu não contei. Só disse que tinha marcado um encontro com alguns amigos sobre nossas coisas — explicou Camunhas. — E vamos nos concentrar, porque temos um problema muito sério.

— Precisamos fazer alguma coisa. Os novos são bons demais; vão expulsar a gente do time — disse Tomás.

— Os Futebolíssimos estão em perigo de extinção — completou Camunhas.

— Não tenho chance; vou sair — anunciou Aflito, olhando para Camunhas. — E você deve fazer a mesma coisa.

— Por que eles têm que vir e tomar o nosso lugar? — protestou Oito.

— Todos têm o direito de tentar. Temos que ser generosos — falou Helena.

— Eu não vejo muita generosidade neles — replicou Aflito. — O que eu vejo é que estão vindo com tudo pra tomar nossos lugares.

— Primeiro, que tal a gente tentar conhecê-los? — insistiu Helena.

— A princípio, não tenho nada contra eles — afirmei. — Não sabemos nada deles, nem mesmo daqueles irmãos que parecem dois robôs...

Camunhas me lançou um olhar assassino.

— Prometemos que, aconteça o que acontecer, vamos continuar juntos e jogando futebol — lembrou Aflito. — Se alguém tiver que sair... por exemplo, eu...

— Essa é a questão. Ninguém vai sair, porque temos que ajudar uns aos outros... e dificultar as coisas pra eles... — propôs Camunhas.

— Peraí, peraí — interrompeu Helena. — Uma coisa é nos ajudarmos para sermos jogadores melhores;... outra é boicotar os novos.

— Também não acho certo o que você tá dizendo, Camunhas — disse Marilyn.

— E você, Canela, o que diz? — perguntou Camunhas, olhando fixamente para mim.

— Eu... não quero que nenhum de nós saia do time. Mas... se alguém sair, vai continuar no pacto?

— Isso — continuou Tomás. — Se alguém for excluído do time, também vai ter que sair dos Futebolíssimos?

Ficamos em silêncio, e então ouvi um barulho e me virei.

— Acho que tem alguém lá fora — disse eu, aproximando-me da janela.

— Ai, ai, ai, é verdade o que minha mãe diz: esta fábrica tá cheia de marginais! — gritou Aflito.

Todos nós fizemos "shhhh" ao mesmo tempo e olhei através de uma das janelas quebradas para o lugar de onde tinha vindo o ruído.

Não havia ninguém.

— Acho que o barulho está na sua cabeça, Canela — provocou Toni, rindo. — Não tem ninguém.

— Bom, continuamos ou não? Tá ficando tarde — falou Marilyn.

Ficamos em silêncio de novo, até Camunhas dizer algo que mudaria tudo.

— A gente devia dar uma lição neles.

— Em quem?! — exclamou Anita, assustada.

— Nos novos? — perguntou Oito.

Camunhas olhou para nós sem falar nada, fazendo um pouco de suspense.

— Nos chineses — respondeu finalmente.

— E por quê? — quis saber Tomás.

— Porque eles estão roubando nosso trabalho — explicou Camunhas — e, se as coisas continuarem assim, eles vão ficar com tudo... E agora, ainda por cima, eles também querem tirar a gente do time.

— O Wao é muito bom — comentou Anita.

— Não acredito que justo você esteja falando isso! — afirmou Camunhas.

— Por quê?

— Porque você é a goleira reserva e, se o Wao ficar no time, a primeira que eles vão tirar de lá é você — respondeu Camunhas.

Isso era verdade.

Camunhas poderia virar o goleiro reserva. E Anita ficaria de fora.

Ninguém queria ser excluído do time.
— Então, o que você propõe? — perguntou Tomás.
— É muito simples — começou Camunhas, sério. — Proponho quebrar a vitrine da agência de viagens. Agora. Esta noite.

— Gostei — falou Toni.

— Vocês estão loucos?! — reagiu Helena.

— Eu não acho uma má ideia — disse Aflito. — Pelo menos assim, na teoria.

— Se eles pegarem a gente, nós vamos ser presos! — retrucou Marilyn.

— Talvez não seja uma boa ideia — corrigiu Aflito.

— Não sei como você pode propor uma coisa dessas! — admirou-se Tomás.

— É muito simples: todos nós queremos que eles saiam da cidade e do time, mas eu sou o único que fala isso em voz alta.

Camunhas parecia muito seguro do que estava dizendo.

— E você acha que se ficarem assustados, eles vão sair da cidade? — indagou Anita.

— Isso... talvez sim. Talvez não. Mas temos que tentar.

— Eu não quero que eles saiam da cidade! — afirmei.

— Ah, não? — perguntou Camunhas, como se eu o tivesse traído.

— Não — respondi —, e acho que estamos falando de uma coisa feia e muito perigosa.

— Claro, quando é você que propõe pra gente fazer coisas perigosas, como espionar adultos e roubar coisas, tá tudo bem — replicou Camunhas, cada vez mais irritado. — Mas, se sou em quem propõe....

— Já sei! Vamos votar! — sugeriu Toni.

— Vocês estão loucos mesmo... — interveio Marilyn.

— Eu concordo com o Toni — declarou Oito.

— Desculpa, mas o que vamos votar exatamente? — perguntou Aflito.

— É muito simples — falou Camunhas. — Vamos atacar a vitrine da agência de viagens? Sim ou não?

Um silêncio percorreu a velha fábrica de tijolos.

Camunhas acrescentou:

— Pra assustar os chineses e fazer com que eles parem de se meter onde não foram chamados.

— Já entendemos — garantiu Helena.

— É isso.

— Tudo bem.

Então nós votamos.

— Sim — começou Camunhas.

— Sim — continuou Toni.

— Não — disse Tomás.

— Sim — afirmou Anita.

— Não — falou Marilyn.

— É claro que não! — exclamou Helena.

— Sim — votou Oito.

E Aflito disse, assustado:

— Nããoo?

— Canela? — chamou Toni, me encarando.

Só faltava eu.

A votação estava empatada.

Meu voto decidiria tudo.
Todos me olhavam fixamente.
Helena, com seus olhos enormes.
Toni, de braços cruzados, com seu jeito supermetido.
Marilyn, com uma expressão estranha, que eu nunca tinha visto.
E, claro, Camunhas, meu melhor amigo.
Então eu votei.
Tentei fazer minha voz soar firme, mas acho que tremeu um pouco:
— Não.
Helena sorriu.
— Muito bem, Canela — falou Marilyn.
Eu me virei para Camunhas.
Seus olhos estavam arregalados e ele me olhou como se não me conhecesse.
— Os Futebolíssimos existem pra gente ajudar uns aos outros e pra jogar futebol juntos, não para atacar alguém — tentei explicar.
— Talvez seja hora de acabar com essa bobagem dos Futebolíssimos — declarou Camunhas.
Então ele pegou a bicicleta e foi embora.

12

Quando me sentei para tomar o café da manhã, continuava preocupado com Camunhas, mas outra coisa também não me saía da cabeça.

A primeira aula do dia era de matemática.

Pela primeira vez eu ia dividir a carteira com Marilyn durante toda a aula.

Graças ao Mutuca, nós dois íamos nos sentar juntos o ano inteiro.

Eu continuava sem entender uma coisa.

Por que eu tinha dado um beijo nela?

Sim, por causa da aposta, mas por que Marilyn?

Poderia ter beijado Helena, que é... bem... não digo que goste dela, mas, se gostasse de alguma menina, supondo que tivesse que escolher uma em todo o mundo... seria Helena.

Além disso, já tínhamos nos beijado.

Todo mundo sabia.

Então, por que eu beijei a Marilyn?

Acho que fiz isso porque não ia perder nada.

Vamos ver se consigo me explicar.

Nunca gostei da Marilyn. Então, se desse um beijo nela, não aconteceria nada.

Ou eu achava isso.

Mas naquela hora não tinha tanta certeza.

Tudo tinha se complicado.

Eu precisava falar sobre isso com alguém com experiência.

Com um especialista em garotas.

Durante o café da manhã, toquei no assunto com Victor, meu irmão, que está no ensino médio e sempre diz que tem um monte de namoradas.

Enquanto pegava minhas torradas, eu disse:

— Isso aconteceu com um amigo, viu? Vamos supor que meu amigo descobre que uma amiga gosta dele, mas ele não gosta dela. E agora ele tem que passar muito tempo com ela e não sabe o que fazer. O que meu amigo deveria fazer?

— Ela é bonita?

Parei para pensar sobre isso.

Marilyn não era bonita nem feia.

Quero dizer, nunca reparei nisso.

Ela é negra e tem olhos grandes e bem escuros. Não tão grandes quanto os da Helena, mas tudo bem...

— Não, não sei... meu amigo não sabe.

Como sempre faz quando me dá conselhos, embora eu não tivesse pedido nenhum, meu irmão arrancou a manteiga da minha mão quando eu estava prestes a passá-la na torrada.

— Você gosta dessa menina? — perguntou Victor, sem rodeios.

— Bom, meu amigo não sabe. É por isso que queria te perguntar.

— Seu amigo não sabe nada.

— Exatamente por isso que me pediu que te perguntasse.

— Olha, pirralho, se você não sabe se gosta dela ou não, não sabe se ela é bonita ou não, não sabe o que quer fazer, então não posso te ajudar.

— Não, não, não gosto dela, quer dizer, meu amigo não gosta dela, ele tem certeza disso. O que acontece é que ele deu um beijo nela.

— Um beijo? — perguntou Victor, sorrindo.

— Sim, mas foi sem querer... bom, foram dois beijos.

— Hum, esse seu amigo...

— Você vai ajudar ou não?

Meu irmão ficou pensativo por um instante. Em seguida, falou:

— Diz pro seu amigo não fazer nada.

— Só isso?

— Isso é muito mais difícil do que parece — explicou meu irmão, como se fosse um sábio. — Nessas situações, agir como se nada tivesse acontecido é o mais complicado.

Eu dei de ombros.

— Obrigado — falei.

— Mas você me deve uma, pirralho — disse ele e saiu correndo da cozinha.

Ao sair, cruzou com meu pai, que caminhava até a porta enquanto falava ao celular.

— Victor, você não para nem para tomar o café da manhã? — perguntou minha mãe lá do andar de cima.

Às vezes eu acho que minha mãe tem câmeras secretas instaladas em toda a casa e vê tudo o que fazemos. Senão, como ela fica sabendo de tudo, mesmo estando em outro lugar da casa?

— Tenho que ir, Joana. Aconteceu uma coisa grave — avisou meu pai, nervoso.

Sevilhota não é uma cidade onde acontecem muitas coisas, nem graves nem insignificantes, então ficamos surpresos.

— O que aconteceu, pai? — perguntei.

Meu pai olhou para mim, sério.

— Atacaram a agência de viagens da família Deng — disse ele.

A vitrine da agência de viagens estava quebrada e alguém tinha pichado na porta de metal, com tinta vermelha:

FORA, CHINESES!

Deng Wao ajudava os pais a varrer os cacos de vidro do chão. Eles estavam muito sérios.

Lá dentro, meu pai, vestido com o uniforme policial, examinava alguns tijolos velhos. Olhava para eles como se fosse um perito dessas séries de investigação.

— Jogaram dois tijolos antes de quebrar a vidraça, depois voltaram. Então jogaram estes três dentro da loja. Fizeram de propósito — falou meu pai.

A agência dos Deng atacada. E com tijolos.

Muita coincidência.

— É muita coincidência — disse Helena, lendo meus pensamentos. Ela havia acabado de chegar.

Nós nos olhamos.

— Mas você acha que foi o Camunhas... ou o Toni...? — perguntei.

— Não sei. Ontem à noite eles pareciam bem convencidos.

— Eles perderam a votação — afirmei.

— Dá pra ver que não deram a mínima para isso — comentou ela. — Será que contamos pro seu pai?

— Não, não — respondi. — Vamos falar com eles primeiro.

Então, meu pai nos viu.

— Ei, o que estão fazendo aqui? Já para a escola! Vocês vão chegar atrasados! — exclamou, irritado.

— É que... nós viemos por causa do Deng Wao, para ir com ele até a escola para que não se senta sozinho num dia como esse — reagi.

— Sim, claro, claro — sorriu meu pai. — Que bons colegas vocês são!

— Verdade. Vir por mim — falou Wao.

Então ele saiu da loja como se nada tivesse acontecido e veio com a gente.

Helena e eu nos olhamos surpresos.

— Está na hora. Vocês vão chegar atrasados! — repetiu meu pai.

No caminho para a escola, ninguém abria a boca, até que finalmente Helena se animou:

— É uma pena que essas coisas aconteçam.

Wao encolheu os ombros.

— Tem gente ruim na cidade, como em todos os lugares — acrescentou Helena —, mas a maioria é boa.

— Obrigado — falou Wao. — Preferir nós falar outra coisa.

— Claro — concordei. — Podemos falar... de futebol...

Wao encolheu os ombros.

— Vocês ser namorados? — perguntou.

Hein?

Nenhum dos dois respondeu.

— Vocês fazer bom casal — insistiu ele.

— Não, não, somos amigos... e vizinhos — esclareci.

Helena riu, provavelmente achando engraçados os comentários do Wao.

— Mas vocês beijar — disse Wao. — Muitas vezes.

— Muitas vezes, não — respondeu Helena.

— Como você sabe? — perguntei.

— Eu saber coisas — respondeu Wao.

Finalmente chegamos ao portão da escola.

Helena e eu nos olhamos de novo.

Como ele sabia tanta coisa?

14

Camunhas não falava comigo.

Ele me ignorou quando fui cumprimentá-lo no portão e, sem olhar para mim, disse:

— Já sei o que aconteceu com a agência de viagens. Todo mundo já está sabendo. E fico feliz. Ah, outra coisa: não falo com traidores.

Camunhas se virou para entrar na escola, mas Helena o enfrentou:

— Você não acha que é muita coincidência?

— O que você tá dizendo? — perguntou ele.

— Você sabe perfeitamente — respondeu Helena, séria. — Foram vocês?

— Eu não fiz nada. Se bem que eu teria gostado de fazer isso — retrucou Camunhas, acelerando o passo e deixando a gente para trás.

Ele estava dizendo a verdade?

Pouco depois, Camunhas estava sentado com Deng Wao, com quem não falava.

Wao não parecia se importar e continuava sorrindo toda vez que alguém fazia uma pergunta para ele.

A última que chegou à aula foi minha colega de carteira, Marilyn.

— Oi — disse eu, um pouco sem jeito, pensando que ela ainda estivesse brava.

A partir daquele momento, fiz o que meu irmão falou: agi como se nada tivesse acontecido.

— Que dia bonito, hein? — comentei.

Toni, que estava ao lado tomando um suco, quase engasgou de tanto rir.

Marilyn olhou para mim como se eu fosse um tonto.

Eu tinha que dizer alguma coisa para consertar.

— Minha mãe me contou que você vai me dar aulas de matemática.

— Parece que sim — respondeu ela, sem olhar para mim.

A coisa continuava sem se resolver.

— Fico feliz que você faça isso. Acho bom — falei depois de alguns segundos.

Então ela se virou e sua expressão mudou um pouco.

— Você acha bom? De verdade? — perguntou.

Parecia que aquilo estava funcionando, então me animei a continuar:

— Sim, claro que sim. Acho ótimo — falei, dando um sorriso não muito convincente.

Então ouvimos um "zzzzzzzzzzzz" atrás de nós.

Mutuca tinha acabado de entrar na classe.

Naquele exato momento, percebi que as coisas não seriam fáceis entre ela e mim. Aquilo não ia acabar bem.

Ficamos calados durante o resto da aula, mas percebi que Marilyn me olhava de canto vez ou outra. E eu tomava cuidado para não nos tocarmos, porque, cada vez que me aproximava ou encostava nela, ela pulava da cadeira como se tivesse se sentado numa tachinha.

Finalmente a aula terminou e, no intervalo entre uma e outra, fui ao banheiro. Queria sair dali de qualquer jeito. No corredor, dei de cara com Helena.

— Como você está se dando com sua nova colega de carteira? — perguntou.

— É... bem... — gaguejei, sem me atrever a olhar nos olhos dela.

Sorri como um bobo.

E então acrescentei:

— O que você tá querendo dizer?

Ela me olhava fixamente. E, quando Helena olha para você, seus olhos enormes parecem ler sua mente.

— O que você acha? — perguntou.

Engoli em seco.

— Não sei... — falei.

Helena riu.

— Você tá ficando vermelho.

— Ah! — Eu não sabia o que fazer nem o que dizer.

— Nos vemos no treino, Canela — disse ela e foi embora.

Eu estava ali, no meio do corredor, quando ouvi vozes vindo da sala do diretor.

A porta se abriu.

E Alícia apareceu, gritando:

— Eu me demito, está ouvindo? Eu me demito!

Atrás dela estava Estevão, calado.

— Até aqui podíamos chegar! — exclamou Alícia.

E, assim que disse isso, afastou-se, deixando o diretor com a boca aberta.

Estevão virou-se, balançando a cabeça. E me viu ali parado, olhando pra ele.

— Você está bem? — perguntou.

— Não, eu não...

— Volte para a classe! — disse ele.

Obedeci.

15

Alícia andava muito rápido pelo pátio.

Felipe, que havia chegado com a gente ao treino, foi atrás dela, tentando acalmá-la.

— Alícia, posso saber o que está acontecendo? E não me faça correr atrás de você aqui, por favor.

Ela viu nossa cara de surpresa e preocupação e deu meia-volta.

— Pessoal, eu tenho que contar uma coisa para vocês — começou.

Outra vez?!

— É sobre os novos? — perguntou Tomás, apreensivo.

Os irmãos Pacheco olharam para ele com cara de poucos amigos.

— Não, não — respondeu Alícia. — Não tem nada a ver com os novos nem com os antigos... quer dizer, tem a ver com todos, mas não...

Alícia estava fazendo uma confusão. Parecia que a coisa era grave.

Ficamos ao redor dela, os novos e os antigos.

Alícia olhou para nós, muito séria.

— Que absurdo fizeram conosco! Absurdo total — continuou ela.

— Mas o que aconteceu? — quis saber Felipe, preocupado.

Todos nós olhamos para a treinadora, esperando uma resposta.

— Bom, estou pensando que talvez seja melhor o diretor contar para vocês — falou Alícia, apontando para trás de nós.

Estevão tinha aparecido ali como num passe de mágica. De repente, dezoito pares de olhos viraram ao mesmo tempo para ele, que engoliu em seco antes de falar:

— Neste ano, o Colégio Soto Alto está diante de seu maior desafio. E tenho certeza de que vocês estarão à altura dele...

— Vá direto ao assunto, Estevão, por favor — interrompeu Alícia.

— Não estou entendendo nada — disse Felipe.

— Vocês jogarão uma eliminatória contra o Ibyss — contou Estevão.

— O colégio novo, aquele dos filhinhos de papai? — disparou Camunhas.

— Não fale assim — repreendeu Estevão. — Sim, o Ibyss,

o colégio bilíngue que abriu nos arredores da cidade, no condomínio Celestial.

— Aquele que parece a Escola de Magia e Bruxaria de Hogwarts e tem torres e jardins? — perguntou Pili, sorrindo como sempre.

— Esse mesmo — confirmou Estevão.

— Que tem um laboratório novo? — emendou Marilyn.

— Isso — respondeu ele, cada vez mais incomodado.

— E um campo de futebol com uma arquibancada que parece o Calderón? — acrescentou Andrea.

— Já disse que sim — falou Estevão.

— É verdade que o uniforme que eles usam vale mais do que meu pai recebe por mês? — quis saber Marilyn.

— E que o refeitório da escola é dirigido por um *chef* e que eles sempre comem o melhor e nunca servem macarrão com linguiça, como aqui? — continuou Tomás.

— E que no começo do ano cada aluno recebe um *tablet* e um *notebook* novos e que em cada sala de aula tem uma televisão gigante? — prosseguiu Toni.

— E que os vestiários do time têm banheiras de hidromassagem? — completou Aflito.

Felipe e Alícia não fizeram nada para nos interromper.

Talvez eles quisessem ver até onde iríamos.

— Bem, já chega! Sim, esse é o Ibyss — falou Estevão.

— E vocês vão jogar contra eles.

— Mas eles não estão no Campeonato Interescolar! — exclamou Helena.

— É um amistoso de pré-temporada ou algo assim? — perguntei.

— Algo assim — respondeu Estevão.

Alícia fez um ruído com a garganta.

— Ram Ram!

Ela costuma fazer esse barulho durante os jogos, quando estamos perdendo ou jogando mal.

Ou quando alguém diz que não consegue fazer mais abdominais em um treino, porque teve uma contração muscular e ela sabe que é mentira.

Mas dessa vez ela fez isso quando Estevão ia falar. Ele olhou para ela, encolheu os ombros e se virou para nós.

— Vamos ver — disse o diretor. — Resumindo: como acabamos de dizer, tem uma nova escola na nossa cidade, ou

seja, agora somos dois colégios. E o Campeonato Interescolar tem apenas uma vaga para cada cidade. Então me propuseram chegar a um acordo com o Colégio Ibyss para apresentar um único time.

— Vão nos misturar com os jogadores do Ibyss? — indagou Helena, admirada.

Era o que faltava.

— Não exatamente. O diretor do Ibyss e eu chegamos a um... acordo.

Continuamos olhando para ele, sem entender muito bem.

— Conte para eles qual é o "acordo", Estevão, por favor — exigiu Alícia.

Ficamos na mesma, esperando, com os braços cruzados, sem entender nada.

Estevão nos olhou como quando eu olho para minha mãe antes de dizer que tirei nota baixa em matemática de novo.

Andrea se aproximou de Marilyn e perguntou:

— O diretor é um pouco estranho, né? Ele é sempre assim?

Marilyn encolheu os ombros.

Finalmente, Estevão falou de uma vez:

— O acordo é que vamos jogar uma eliminatória de dois jogos contra o Ibyss, e o vencedor representará Sevilhota no Campeonato Interescolar.

— E o perdedor? — quis saber Felipe.

— O perdedor ficará fora do campeonato — explicou Estevão. — Não é emocionante?

— Mas nós já temos a vaga. Por que devemos disputá-la agora contra o Ibyss? — disse Marilyn, confusa.

— É uma aposta? — perguntei.

Alícia começou a mexer a cabeça para cima e para baixo, concordando, enquanto Estevão bufava.

O diretor respondeu:

— Bem, é uma aposta... é o que parece. Parece... e no fundo é...

Começamos a olhar uns para os outros, assustados.

Estevão voltou-se para Alícia e Felipe. Ela bufava e ele estava de boca aberta.

— Vocês precisam entender — disse Estevão. — O diretor do Ibyss e eu estávamos negociando o itinerário do ônibus escolar e acabamos discutindo sobre vários assuntos: dinheiro e outras coisas de adultos que não vêm ao caso... E uma coisa levou a outra, eu fui ficando nervoso e... juro que ele me obrigou, feriu o orgulho do Soto Alto! E isso não se pode admitir, certo? Por acaso vocês estão com medo? Vocês são uns fenômenos... Neste ano, temos um timaço, vamos acabar com eles.

— Primeiro vão mandar a gente embora do time e depois do campeonato — resmungou Aflito.

— Ânimo, pessoal! — exclamou Estevão.

Alícia finalmente abriu os braços e falou para o Felipe:

— Agora você entende por que eu fiquei tão brava?

Felipe se virou para Estevão.

— Desculpe-me, mas isso é um absurdo!

Estevão era o diretor.

Aquele que tomava as decisões.

O chefe.

Mas o que ele tinha feito era... uma enorme bobagem.

Estevão tinha colocado em jogo nossa vaga no campeonato sem consultar absolutamente ninguém: nem os técnicos, nem a Associação de Pais, nem a Federação de Futebol 7, nem o Conselho Escolar...

Quando terminamos de gritar e protestar, Estevão continuava ali, olhando para a gente como se nada tivesse acontecido.

— Bem, bem, é esse o espírito que inculcamos em vocês no Soto Alto? Onde está a famosa coragem dos sevilhotas? Coragem, coragem! É o desafio da vida de vocês! Lutem pela cidade, pelas regras, pela educação pública, pela...

Alícia o interrompeu e repetiu, para o caso de alguém não ter entendido:

— Vamos jogar uma eliminatória de duas partidas, ida e volta. Quem ganhar jogará o campeonato; o outro time ficará de fora.

— Eu simplesmente não consigo entender — disse Helena. — Por que você fez isso? A vaga era nossa!

— Sem falar da dificuldade que tivemos pra não cair pra segunda divisão no ano passado — acrescentou Marilyn.

— Porque eles me perturbaram muito com essa conversa de que são uma escola bilíngue, que têm um plano de esportes melhor, que é uma vergonha ficarem fora do campeonato e um timinho como o nosso participar... No fim, eu me irritei — desabafou Estevão.

— Ou seja, se perdermos, estamos fora do campeonato — afirmei.

— Sim, sim, já falei isso várias vezes — retrucou o diretor.

— E se ganharmos? — continuou Anita.

— Então nós disputaremos o campeonato — respondeu Estevão.

— Resumindo: se perdermos, saímos do campeonato; se ganharmos, fica tudo como está. Que aposta, hein? — disse eu.

— Pois é — replicou Estevão, muito firme. Pois é...

— Vocês vão ganhar, com certeza. Não tenho nenhuma dúvida. Tenho total confiança em nosso time — prosseguiu o diretor.

E, antes de dar meia-volta e ir embora, completou:

— O primeiro jogo é neste sábado. Ao trabalho!

Tínhamos quatro dias de preparação para o jogo mais importante da história do Soto Alto. E metade do time era nova.

Corríamos o risco de perder a vaga no campeonato e ficar sem jogar a temporada inteira.

Helena sussurrou:

— Reunião urgente dos Futebolíssimos hoje à tarde.

Outra vez?

16

— Na piscina de bolinhas? — perguntou Toni.

E logo acrescentou:

— Quem teve a ideia dessa vez?

Levantei a mão.

— É um lugar tranquilo e fica no caminho do campo — justifiquei.

— E não tem vidros. Acho que não é ruim — completou Aflito.

O problema era que o gerente, Atanásio, não queria nos deixar entrar.

— Vocês são muito grandes, meninos. Não sei se é permitido ou não. Eu teria que verificar.

— É que é aniversário do... do... do Aflito! — disse Camunhas, apontando para ele.

— O aniversário do Aflito é em 2 de dezembro. O seu — falou Atanásio, apontando para Oito — é em 9 de outubro. O seu — e apontou para Anita — é em 20 de maio. O seu — e apontou para Helena — é em 12 de abril... Sei o aniversário de todos vocês, então não me venham com essa conversa.

— Mas, Atanásio, por favor, viemos aqui tantas vezes quando éramos pequenos...

Marilyn e Helena fizeram caras de tristes e pediram por favor, então ele acabou amolecendo e deixou a gente fazer a reunião lá dentro, mas no castelo inflável.

— O que salva vocês é que hoje não tem nenhuma festa, senão... — comentou Atanásio. — Entrem logo, pra não serem vistos por ninguém.

O castelo inflável é muito divertido para pular e empurrar, para quicar no chão e nas paredes.

Mas, para fazer uma reunião, tem um pequeno problema: toda vez que você se mexe vai para o chão.

Então, tivemos que fazer força para ficar de pé.

Helena começou com a pergunta que todos nós estávamos nos fazendo:

— Quem jogou os tijolos na vitrine dos Deng?

— Não fui eu. Não me atreveria — disse Aflito.

Sem querer, todos nós olhamos para Camunhas.

— O que vocês estão olhando? Já falei hoje de manhã que não fui eu. Não sei por que vocês insistem — defendeu-se.

— Você tem testemunhas? — quis saber Marilyn.

— Que papo é esse de testemunhas? O que é isso, um julgamento, um interrogatório? — exclamou ele. — Não tenho que responder.

— Onde você estava, Camunhas? — perguntou Oito, tentando manter o equilíbrio.

— Quando?

— Ontem à noite, depois da reunião na fábrica, pra onde você foi?

— Fui direto pra casa. Tomei um sorvete com meu pai na cozinha. Depois fui dormir.

— E como podemos saber que você tá mesmo dizendo a verdade?

— Eu não ligo nem um pouco se vocês acreditam em mim ou não.

— Camunhas, isso é muito sério — afirmou Helena.

— E eu já disse: não fui eu.

— Sinto muito, mas não acredito em você — disse Marilyn.

— Nem eu — acrescentou Helena.

— Eu também não — emendou Oito.

Camunhas olhou para mim.

— E você? Acredita em mim ou não?

Eu dei de ombros.

— Vamos deixá-lo em paz — interveio Toni. — Além disso, aqui ninguém tem o direito de decidir o que é certo e o que é errado.

— Obrigado — falou Camunhas.

Peraí: Toni estava defendendo Camunhas. E parecia que os dois estavam ficando muito amigos.

Eu não estava gostando disso.

Toni sempre foi o supermetido.

E Camunhas sempre foi meu melhor amigo.

O que estava acontecendo?

Naquele momento, deixei de lado a preocupação com o Wao, a vitrine da agência e tudo o mais. Só pensava numa coisa: queria que Camunhas voltasse a ser meu melhor amigo.

Helena olhou para Toni e disse:

— Talvez tenha sido você.

Toni respirou fundo e falou:

— Sabe o que eu acho? Pode ter sido qualquer um, até você, e você está acusando os outros pra desviar a atenção. É isso o que eu acho.

— Mas como pode ter sido eu? Você está louco! — protestou Helena.

— Acho que temos que ir à polícia — sugeriu Marilyn.

Então, começamos a discutir todos ao mesmo tempo.

Helena estava muito brava com Toni.

Marilyn repetiu que tínhamos que ir à polícia.

Camunhas falou que estava cheio de todos.

Ninguém parava de falar.

Até que aconteceu algo que eu não esperava.

Perdi o equilíbrio e caí de costas no chão inflável. Fiquei de barriga para cima como aqueles insetos que caem de costas e não conseguem se virar.

Os outros morreram de rir.

Marilyn me ajudou a levantar.

— Você tá bem? — perguntou.

Peguei a mão dela e levantei.

— Sim, sim, obrigado.

E nós dois nos encaramos durante um segundo ou dois, que pareceram uma eternidade para mim.

Pensei que ela fosse me dar outro beijo ali, na frente de todo mundo, no castelo inflável.

Por sorte, alguém bateu do lado de fora.

— A reunião acabou, pessoal! Saiam logo, porque os clientes estão chegando!

Era Atanásio, que batia com a mão aberta na parede do castelo e fazia tudo se mexer.

— Vamos, andem! — repetiu.

E assim acabou a segunda reunião dos Futebolíssimos.

Sem termos tomado nenhuma decisão.

E cada vez mais bravos uns com os outros.

Ao sair do castelo, cruzei o olhar com Camunhas.

Queria conversar com ele. Dizer que eu desejava que as coisas voltassem a ser como antes. Que eu acreditava nele e que sentia muito por ter votado contra ele na noite anterior.

Mas não consegui dizer nada, porque Camunhas foi embora com Toni.

As coisas iam de mal a pior.

Os Futebolíssimos estavam em perigo de extinção.

Poderiam nos excluir do nosso próprio time de futebol.

Caso não mandassem a gente embora do time, poderiam nos tirar do campeonato.

E, mesmo que tudo se arranjasse, o que já era difícil, a gente já não falava direito uns com os outros.

O que mais poderia acontecer?

17

— Eles passaram as férias inteiras treinando... — falou Felipe.

— ... com uma treinadora inglesa profissional — completou Alícia.

— E contrataram um menino das categorias de base do Liverpool, que no ano passado foi artilheiro do campeonato infantil da Inglaterra — acrescentou Felipe. — Mas não se assustem — ele fez uma cara bem pouco confiante.

— Exatamente, o que temos que fazer é nos preparar! — exclamou Alícia.

Estávamos todos no vestiário.

Felipe e Alícia nos contavam sobre nosso adversário, o Ibyss.

Enquanto falavam, não paravam de dar voltas. Cada coisa que diziam era pior que a anterior.

Então, Felipe repetiu:

— O importante é que vocês não se assustem.

E, quanto mais dizia isso, mais assustados ficávamos.

— Agora vamos assistir a um vídeo que gravamos — avisou Alícia.

— Não se vê muito bem, porque tivemos que subir numa árvore para gravar o treino deles — explicou Felipe, orgulhoso da façanha. — Bom, eu subi enquanto Alícia vigiava.

— Você espiou o treino do Ibyss e gravou um vídeo em cima de uma árvore? — admirou-se Helena.

Felipe e Alícia se entreolharam e depois olharam para nós.

— Bom...

— Em certo sentido, sim, foi o que fizemos...

— Um pouco, sim...

— Claro que sim — disse Toni.

— O fato é que aqui está o vídeo — afirmou Felipe.

— Foi gravado ao amanhecer — falou Alícia. — Aparentemente, eles treinam todos os dias bem cedo.

O vídeo começava com algumas imagens borradas e desfocadas em que se via Felipe subindo numa árvore de um jeito um pouco ridículo.

— Avance essa parte — pediu o treinador.

Alícia avançou rapidamente as imagens dos três primeiros minutos até finalmente aparecer o campo do Colégio Ibyss.

E lá no fundo, treinando como se fossem um exército, os doze garotos e garotas do time.

Todos os movimentos eram feitos ao mesmo tempo, com uma coordenação perfeita.

Eles se movimentavam ao ritmo dos apitos de uma mulher baixinha.

— É a treinadora — disse Alícia.

— Ela é inglesa — acrescentou Felipe.

— Já dissemos isso — falou ela.

Mas já não os ouvíamos. Na tela, observávamos o Ibyss fazer exercícios, saltos, flexões, abdominais, movimentos sem a bola, mais saltos e mais flexões.

A imagem tremia muito. Mesmo assim, pudemos ver que eles estavam perfeitamente coordenados e que levavam aquilo muito a sério. A treinadora se mexia e gritava, embora no vídeo não desse para ouvir. Também vimos um menino ruivo muito alto, que provavelmente era do Liverpool, fazendo flexões sem parar e gritando toda vez que se abaixava. Deduzimos isso pela expressão que fazia, porque não dava para ouvir o que ele dizia.

— É que não gravamos o vídeo com som — desculpou-se Felipe —, e a imagem está tremida porque eu tive que me segurar num galho enquanto gravava.

— Você mandou muito bem, meu amor — elogiou Alícia.

— Obrigado, amor. Fiz o que pude — respondeu Felipe.

Já estavam começando outra vez!

Por sorte, o vídeo acabou de repente e pararam de dizer frases carinhosas.

— Não tem mais imagens? — perguntou Marilyn.

— Não vimos eles jogando! — protestou Camunhas.

— Isso é tudo — falou Alícia. — Eles nos viram e tivemos que sair correndo.

— Queremos que vocês saibam que estamos preparados para vencê-los — afirmou Felipe. — Podemos ganhar. E vamos ganhar.

Ninguém, nem nós nem eles, parecia muito convencido.

Então, Deng Wao se levantou e disse:

— Obrigado por vídeo. Muito artístico.

E saiu do vestiário.

Felipe ficou desconcertado por um instante: ele não sabia se Wao tinha falado sério ou por gozação.

Coçou a barba e exclamou:

— Vamos, todos para fora do vestiário! Hora de fazer exercícios no campo!

Depois do vídeo pirata dos nossos treinadores, entramos no campo de jogo.

Por um momento, esquecemos o Ibyss.

Nosso principal problema agora era a gente mesmo.

Ou seja, quais dos dezesseis teriam que sair do time?

Os novos pareciam muito melhores que nós.

Pili era mais rápida que Marilyn.

Os Pacheco eram melhores zagueiros que Tomás.

Andrea era mais habilidosa que Toni.

E Leguizamon e Ortiz chutavam a gol melhor que Helena e eu.

Isso para não falar do Deng Wao.

Ele era o melhor goleiro que eu já tinha visto em um time de futebol infantil.

Não fazia grandes defesas, nem fazia graça ou se esticava muito.

Mas era simplesmente impossível fazer um gol nele.

O que Wao fez naquele treino foi a coisa mais espetacular que se tinha visto num campo de futebol de Sevilhota em toda a história.

Talvez eu esteja exagerando um pouco, mas todos ficaram de boca aberta.

Ele parecia alcançar todas as bolas como se tivesse um sexto sentido.

Os Pacheco bateram pênaltis com toda a força.

Wao defendeu todas as cobranças.

Com as mãos.

Com as pernas.

Com o peito.

Com a cabeça.

Sim, sim, rebateu com a cabeça!

Foi tão incrível que até Felipe cobrou três pênaltis.

E ele também defendeu.

Então, Alícia tentou.

E Toni.

E Helena.

E, claro, Camunhas.

Até eu bati alguns.

Todos nós tentamos.
Acho que batemos quase cem pênaltis.
E o resultado foi: zero gol.
Ele não parecia muito feliz, nem orgulhoso, nem nada.
Quando terminamos, disse:
— Hoje cansado. Ir pra casa.
E foi embora tranquilo.
Helena se aproximou de mim e falou em voz baixa:
— Ele defende com a mente.
Acho que ninguém pode defender um pênalti com a mente.
Muito menos cem.
Mas a verdade era que o que Wao havia feito não tinha nenhuma explicação lógica.
Marilyn também veio ao meu lado e sussurrou:
— Espero você na minha casa.
Quase caí no chão de susto.
Não me lembrava mais.
Ao sair do treino, tinha que ir até a casa da Marilyn para a aula de matemática.
Estaríamos os dois sozinhos.
Só de pensar isso, senti meu corpo todo tremer.

A casa da Marilyn ficava no centro da cidade, em um bloco de apartamentos novo e muito alto.

Ela abriu a porta e um cão marrom se jogou em cima de mim, latindo e pulando tão alto que alcançava meu rosto e me lambia todo.

— Não sabia que você tinha um cachorro — falei, querendo tirá-lo de cima de mim.

— Não é um cachorro, é uma cadela. Deixe ele em paz, Mars — disse Marilyn, enquanto eu tentava proteger meu rosto.

A mãe dela, Maria Dolores, também veio me cumprimentar, trazendo uma bandeja com bolachas doces e sucos.

A mãe da Marilyn é muito conhecida na escola desde que foi eleita presidente da Associação de Pais. Ela sempre está por lá conversando com os professores e com o diretor.

Ela se parece muito com a Marilyn: é negra e tem os cabelos crespos.

— Está vendo, Francisco? Aqui toda a família já gosta de você — comentou, olhando para a cadela e piscando para mim.

Toda a família gosta de mim?

O que ela queria dizer com isso?

Sabia alguma coisa sobre os beijos?

Era a primeira vez que eu ia sozinho até a casa de uma menina.

E, claro, era a primeira vez que eu ia sozinho até a casa de uma menina *que eu tinha beijado*.

Tinha medo de que a mãe dela descobrisse o que havia acontecido.

E ainda mais medo de que Marilyn quisesse que nos beijássemos outra vez.

Maria Dolores continuou sorrindo, dizendo que gostava da minha mãe e do meu pai e que ele a havia tratado muito bem no dia em que o pneu do carro do marido dela furou quando voltava do trabalho.

Enquanto isso, a cadela continuava pulando à minha volta e lambendo minha mão.

Naquele momento, apareceram os dois irmãos menores da Marilyn. Um tinha cinco anos, e o outro, quatro, mas eram muito parecidos. Tinham olhos enormes e bem escuros também, olhavam para mim, cochichavam entre eles e riam.

— Oi — cumprimentei.

O mais novo se aproximou correndo... e chutou minha canela.

— Samuel! — protestou Marilyn.

Mas o menino já havia escapado, correndo e rindo com o irmão maior.

A cadela foi atrás deles.

— Vamos pro meu quarto. Você está bem? Ele te machucou? Os dois são uns pestinhas — disse Marilyn.

— Não tá doendo, não se preocupe — menti descaradamente, enquanto coçava a canela sem que ela percebesse.

Finalmente, fomos para o quarto dela.

Esperava encontrar bonecas, pôsteres de cantores famosos e coisas assim.

Nada disso.

Em todo canto, só havia pôsteres de jogadores de futebol. Muito mais do que eu tinha!

Eu me sentei sem dizer nada e peguei as anotações e o caderno de matemática.

O resto do tempo nós passamos estudando.

Marilyn se esforçou bastante para me explicar como funcionam os cálculos de geometria.

Então, ela imitou Mutuca:

— Caros alunos, façam o favor de guardar os livros e se preparar para uma prova surpresa, zzzzzzzzzzzz.

Acontece que Marilyn imita muito bem o "zzzzzzzzz" do Mutuca. Eu não sabia, nunca a tinha visto fazer aquilo.

115

Na real, eu ri muito.

Também conversamos sobre o que tinha acontecido na agência dos pais do Wao.

— Nesta cidade tem muita gente boa, mas também pessoas que olham atravessado para quem veio de fora — falou Marilyn. — Aí, com o tempo, algumas delas mudam de atitude e se acostumam.

— Você acha que com os Deng vai acontecer a mesma coisa? — perguntei. – Será que vão parar de olhar atravessado para eles?

Marilyn encolheu os ombros e disse:

— Como os novos do time são bons, hein? Você viu como a Pili corre? Tenho certeza de que ela vai pegar meu lugar.

— Até parece! Você é muito melhor do que ela — tentei animá-la.

Ela sorriu.

— Obrigada.

Ficamos nos olhando alguns segundos e então ela baixou os olhos para o caderno.

— Vamos continuar? — perguntou.

Tinha que dizer a ela sobre aquele beijo, esclarecer tudo.

Marilyn merecia saber a verdade.

E aquele era o momento de explicar que tinha sido uma aposta absurda e pedir desculpas para ela.

— Marilyn... — comecei.

Não queria que ela ficasse brava. Estava muito bom ficar ali com ela.

— Sim? — perguntou.

— Sobre o beijo...

— Sim?

Eu não sabia o que dizer.

— Bem, foi... bem... um beijo... acho que não foi legal te dar aquele beijo na frente de todo mundo...

— Ah, não? — Ela parecia desapontada.

— Não, não, quero dizer que o beijo em si foi muito bom... mas eu não devia ter te beijado no pátio com todo mundo ali... e... bem, você me entende... ou não?

Ela ficou vermelha e olhou para mim. Naquele instante percebi que tinha estragado tudo.

— Então o beijo foi muito bom? — perguntou.

Eu tinha dito isso?

Acho que sim.

Eu tinha dito.

Não sabia por onde escapar, nem o que dizer, nem nada.

Tinha que sair dali antes que as coisas piorassem.

Então me levantei de repente. Joguei a cadeira para trás e quase caí de costas pela segunda vez na semana.

— Você está bem? — perguntou Marilyn, surpresa.

— Sim, é só... que tenho que ir, ficou muito tarde! — respondi enquanto recolhia minhas coisas.

— Já? — disse ela.

Não falei mais nada.

Saí rápido do quarto.

Assim que me viu no corredor, Mars começou a correr atrás de mim.

Com a pressa, o nervosismo e a cadela entre as pernas, acabei tropeçando e caindo de bruços.

Então uma porta se abriu.

Apareceu um homem muito grande, que olhou para mim surpreso.

— Posso saber quem é você?

Eu estava no chão.

Com a cadela em cima de mim, lambendo meu rosto.

— Eu sou o Canela.

— Ah, você é o famoso Canela! — exclamou o homem. — Muito prazer. Eu sou o pai da Marilyn.

Eu me levantei depressa e, antes que desse tempo de ele dizer mais alguma coisa, saí correndo escada abaixo.

— Mas o que há de errado com esse garoto? — perguntou o pai da Marilyn.

E então ouvi algo que me fez correr ainda mais:

— Esse é o menino de que você gosta tanto? Nossa...

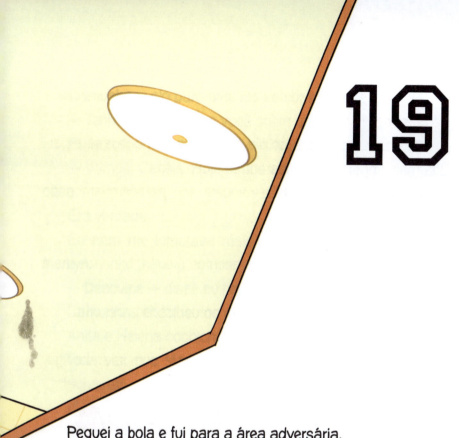

19

Peguei a bola e fui para a área adversária.

Driblei o primeiro Pacheco.

Depois, passei a bola entre as pernas do outro.

Ameacei chutar à direita do goleiro e chutei à esquerda com toda a força...

A bola entrou no ângulo.

— O próximo — falou Felipe.

Na real, não tinha driblado nenhum Pacheco.

Apenas alguns cones laranja que os treinadores colocaram no chão.

E o gol estava vazio, sem goleiro.

Deng Wao, Camunhas e Anita estavam no outro gol, fazendo alongamento.

Tínhamos sido divididos em grupos para fazer exercícios no campo.

Já era sexta-feira, e no dia seguinte a gente jogaria a partida mais importante da história do Soto Alto.

O jogo que decidiria se naquele ano participaríamos do campeonato.

O clima não era nada bom.

Normalmente, nós sempre fazemos piadas, brincadeiras e comentários.

Mas naquele dia estávamos preocupados, de olho nos novos companheiros.

E o pior de tudo: Camunhas continuava sem falar comigo.

Toda vez que Wao defendia uma bola, ele ficava mais bravo comigo.

Na real, Wao pegava tudo.

— Não é possível marcar um gol nele — disse Felipe, entusiasmado, abraçando Alícia.

E, toda vez que ouvia um comentário desse tipo, Camunhas ficava mais sério e mais triste.

Mesmo assim, ele continuava insistindo.

— Acho que os jogadores de sempre é que deveriam ficar no time — comentou com Alícia. — O jogo é muito importante para colocarem os novos. Estamos acostumados a jogar juntos.

Os Pacheco não disseram nada, mas deram uma olhada daquelas nele e, por um segundo, pareceu que estavam rindo, mas eu não tinha certeza.

— É uma boa ideia, Camunhas, mas, até nova ordem, quem toma as decisões aqui somos nós, os treinadores, certo? — respondeu Alícia.

Depois, Alícia e Felipe nos reuniram.

— Estamos preocupados com tamanha competitividade entre vocês, não pode ser assim — começou Felipe.

— A competitividade tem que servir para melhorar o desempenho de vocês, não para deixá-los mais agressivos com os companheiros — acrescentou Alícia.

Toni levantou a mão.

— Desculpe, mas a ideia de transformar os treinos numa competição não foi nossa — disse.

Ele tinha razão.

Essa ideia de juntar dezesseis jogadores sabendo que muitos ficariam de fora não parecia muito boa.

Alícia balançou a cabeça.

— Não é isso. Trata-se de dar uma oportunidade a todos — argumentou.

— Sim, claro — falou Camunhas.

— Devemos pensar nos jogos contra o Ibyss como... uma oportunidade... como uma forma de melhorar... — explicou Felipe.

— Como uma despedida? — perguntou Camunhas.

— Como o fim do nosso time? — continuou Aflito.

— Como uma bomba que caiu sobre nossas cabeças? — prosseguiu Tomás.

— Não, não, não... Como uma oportunidade de começar a temporada melhor que nunca e de criar um time de verdade. Vamos ter que dar cem por cento nesses jogos, na verdade, duzentos por cento, combinado? — sugeriu Alícia.

Não, não estava combinado.

O resto do treino foi um desastre.

Felipe e Alícia nos colocaram misturados num joguinho.

— Não queremos que isso se torne um "antigos contra novos" — disse Felipe.

Mas aquilo acabou se tornando exatamente o que eles não queriam.

Em um time, estavam Deng Wao no gol, Pacheco I, Pacheco II e Marilyn na defesa, Toni e Andrea no meio, e Helena no ataque.

No outro, Camunhas no gol, Aflito, Tomás e Leguizamon na defesa, Andrea e Ortiz no meio, e Canela, ou seja, eu, de centroavante.

Desde o primeiro momento, foi uma bagunça total.

Na primeira jogada, passei para Toni sem querer.

O mesmo aconteceu com Marilyn um pouco depois: em vez de passar a bola para Toni, passou para mim, que estava na equipe adversária.

— Qual é o problema? Agora você passa para seu namorado? — protestou Toni.

Marilyn respondeu com um olhar assassino e alguns do time riram.

— Estou cansado de você não me passar a bola — falou Ortiz. Suas orelhas se mexiam quando ele ficava bravo.

— Calado, você acabou de chegar — retrucou Toni.

Então os Pacheco começaram a defender Ortiz, todos nós acabamos discutindo e aquilo virou uma confusão.

Felipe e Alícia tiveram que entrar no campo antes que algo mais grave acontecesse.

— O treino acabou. E, se fosse por mim, cancelaria o jogo de amanhã — disse Felipe, muito sério.

Tínhamos feito a promessa de nos unir para salvar o Soto Alto. Só que cada vez estávamos fazendo pior.

Para começar a consertar as coisas, eu precisava falar com Camunhas.

20

Camunhas abriu a porta da casa dele, mas não me deixou entrar.

Ficou ali, com os braços cruzados, me encarando.

— O que você quer, traidor? — perguntou.

— Não sou traidor — respondi.

— Você viu o que acontece por não estarmos unidos? Eles estão pegando nossos lugares no time, sem contar que vamos perder para o Ibyss, porque estamos jogando muito mal — disse ele, ainda sem me deixar entrar.

Camunhas sempre foi muito teimoso, mas nunca tinha chegado a esse ponto.

— O que tá acontecendo, Camunhas?

Ele olhou para mim por um tempo.

E então falou:

— Meu pai está preso. Uns chineses ficaram com o negócio dele e com meu lugar de goleiro do time. Meu melhor amigo não me defende, não acredita em mim e pensa que eu ataquei a agência de viagens, apesar de ter dito três vezes que não fui eu. É isso que tá acontecendo.

— Eu acredito em você.

— Mentira. Você não acredita em mim. Está convencido de que eu joguei os tijolos na vitrine, né?

Por um momento, fiquei em dúvida.

— Você jogou ou não? — soltei.

— Você veio aqui pra me perguntar isso?

Estávamos quase discutindo de novo. Era a última coisa que eu queria.

— Não. Eu vim pra... dizer que continuo sendo seu melhor amigo, aconteça o que acontecer. E que sinto falta de a gente conversar e contar as coisas um pro outro.

Ficamos em silêncio.

— Entra, vai — disse ele finalmente.

— Valeu.

Entrei na casa do Camunhas como tinha feito tantas vezes.

E fiquei muito feliz por estar lá novamente.

— Esse Wao é bom, hein? — comentou ele.

— Muito — respondi.

— As coisas são assim mesmo, né? — falou Camunhas.

— Vamos jogar *videogame*? — propus.

Camunhas riu. Era a primeira vez que ria desde que tinham começado as aulas.

— Quer apostar outra vez?

— O que você quiser.

Então Camunhas e eu jogamos dez partidas, mas acabamos empatados.

Foram as melhores partidas da minha vida.

Fiquei tão feliz em jogar de novo com Camunhas, que não importava ganhar ou perder.

Por um momento, esqueci todos os problemas.

Jogamos até anoitecer.

Depois voltei para casa. Tinha que descansar para o jogo do dia seguinte.

O que eu não imaginava era que tudo mudaria de repente.

Exatamente naquele momento.

21

Para ir da casa do Camunhas até a minha, tenho que passar pela praça da cidade.

Na praça há uma fonte com um reservatório.

O reservatório é bem alto, e os meninos maiores sobem nele, ajudando uns aos outros, nas festas da cidade, ou quando querem dizer a uma menina que gostam dela, ou ainda quando o Atlético de Madrid ou o Real Madrid ganham o Campeonato.

Naquela noite, alguém tinha subido no reservatório.

Uma pessoa só.

Estava lá em cima, bem no alto.

Não havia mais ninguém na praça.
Cheguei mais perto e vi que era um garoto.
Quando o reconheci, arregalei os olhos.
— Wao! O que você tá fazendo aí? — perguntei.
Mas ele não disse nada. Nem pareceu ter me ouvido.
Tinha o olhar perdido e dava a impressão de não saber o que estava acontecendo.
Estava cada vez mais perto da borda.
— Wao, cuidado! — avisei.
Mas ele continuou na mesma e deu outro passo na direção da borda.
Se desse mais um passo, cairia.
Eu me aproximei da base do reservatório gritando:
— Tenha cuidado!
Mas nada.
Gritei de novo:
— Deng Wao, desça daí agora mesmo! O que você tá fazendo?
Wao não me ouvia ou não queria me ouvir.
Então ele deu mais um passo, no vazio.
Aí ouvi uma voz de adulto atrás de mim.
Era alguém falando chinês. Ou melhor, gritando em chinês.
Eu me virei e vi o pai de Wao correndo na direção do reservatório e gritando.
Naquele momento, Wao abriu bastante os olhos e pareceu ter percebido o que estava acontecendo.
Tentou dar um passo atrás, mas perdeu o equilíbrio e caiu.

O pai chegou correndo ao reservatório e segurou Wao.

Os dois caíram de costas no chão.

Eu me afastei a tempo de não me atingirem.

— Vocês estão bem?

O pai falou algo em chinês que, claro, não entendi, mas parecia muito bravo.

Wao colocou a mão no tornozelo e começou a se queixar.

O pai o pegou nos braços e, antes de sair, me disse:

— Por favor, não contar isso pra ninguém. Por favor!

Afirmei com a cabeça sem dizer nada e observei o pai carregar Wao, que continuava se queixando.

No dia seguinte, jogaríamos uma partida decisiva.

E eu tinha acabado de ver nosso goleiro titular, o melhor goleiro que já havia visto em um time infantil, no qual até então ninguém tinha conseguido marcar um gol, se machucar. Ali, bem na minha frente. De um jeito muito estranho.

No dia seguinte, todos saberiam que Wao tinha torcido o tornozelo e não poderia jogar.

Mas naquele momento só eu sabia disso.

Mesmo sendo um problema, vislumbrei uma oportunidade.

Camunhas poderia jogar.

O primeiro jogo era no Colégio Ibyss, que ficava a três paradas de ônibus da nossa escola.

Tinha sido inaugurado naquele ano. Era particular e, pelo visto, muito caro. Diziam que os alunos falavam inglês até no recreio.

Era maior e mais novo que o nosso, as paredes não estavam descascadas e o piso brilhava tanto que dava para ver nossa imagem refletida nele.

Tinha jardins, duas quadras esportivas e uma piscina coberta. Todos os alunos usavam uniforme verde com camisa polo branca.

Já os jogadores do time de futebol usavam traje branco, com um "Y" na camisa.

O campo tinha a grama perfeitamente cortada e uma arquibancada com várias fileiras e muitas bandeiras verdes e brancas com um "Y".

Quando saímos para aquecer, vimos que a arquibancada estava lotada.

Os pais dos alunos do Ibyss carregavam vários cartazes de apoio. Um deles dizia "Come on, Ibyss"; outro, "Ibyss Rules"; e outro, "Go Ibyss Go". Ou seja, "Vamos, Ibyss", "Regras do Ibyss" e "Vai, Ibyss, Vai".

E, finalmente, o time tinha líderes de torcida, que se chamavam "as Forivyss", uma brincadeira com a palavra *forever*, que que significa "para sempre".

— Que espetáculo eles montaram! — exclamou o pai do Camunhas.

Já disse que Quique podia sair da prisão nos fins de semana e em alguns outros dias porque tinha permissão.

E naquele dia ele estava lá para nos incentivar.

— Isso, sim, que é organização, hein? — falou meu pai, que estava sentado ao lado dele.

Eles faziam uma dupla muito curiosa: um prisioneiro e um policial assistindo a um jogo como dois amigos.

— Te colocaram pra me vigiar no caso de eu fugir? — perguntou Quique para meu pai, dando um tapinha nas costas dele. — E onde eu estaria melhor do que na minha cidade, hein?

Meu pai sorriu. Foi ele que prendeu Quique em Benidorm, mas, apesar de tudo, continuavam se dando bem, tanto que sentaram lado a lado.

Minha mãe e a do Camunhas também estavam lá, na arquibancada do Ibyss. Baixinha e muito magra, a mãe dele tem cabelos curtos e se chama Trini. Não para nunca de falar. Acho que podia ser apresentadora de tevê, pois fala mais rápido que qualquer pessoa que eu já conheci.

Quando o pai do Camunhas foi preso, ela teve uma enorme decepção e quase pediu o divórcio, mas no fim das contas eles não se separaram e agora pareciam estar bem.

As duas se levantaram e começaram a gritar:

— Rá, rá, rá, Soto Alto ganhará! Rá, rá, rá, o Soto Alto e ninguém mais!

A elas logo se juntaram outros pais e mães da escola.

Estavam quase todos lá, na arquibancada, e faziam tanto barulho que por pouco não eram mais ouvidos do que os do Ibyss, dez vezes mais numerosos.

Os pais e mães dos novos jogadores também estavam lá, incluindo os de Deng Wao, que tinha torcido o tornozelo e não podia jogar, mas mesmo assim acompanhava o time.

Eles pareciam preocupados e não falavam com ninguém, não sei se aquele era o jeito deles ou estavam assim porque ninguém lhes dirigia a palavra.

Também estava na arquibancada Jerônimo Florente, presidente da Federação de Futebol 7, que no ano passado quase renunciou, mas acabou ficando no cargo. Acho que ele foi para ver o que aconteceria e qual das duas equipes de Sevilhota participaria do torneio.

Felipe e Alícia anunciaram nosso time titular: Camunhas, goleiro; Pacheco I, Pacheco II e Marilyn, zagueiros; Toni e Andrea, meios-campos; e Helena, atacante.

Em outras palavras, a primeira partida eu veria do banco de reservas ao lado de Aflito, Tomás e Oito, que, como já estava acostumado a ser reserva, nos dava conselhos a respeito.

— Se vocês cruzarem as pernas como eu, o bumbum não fica adormecido.

Wao estava sentado ao nosso lado, calmo, com o tornozelo enfaixado. Parecia encarar bem a condição de reserva.

— Mas que azar, hein, Wao? — provocou Leguizamon, mal-intencionado.

— Coisa sempre acontecer por algo — respondeu Wao misteriosamente, como sempre.

No banco também estava Pili, a nova jogadora. Ela não parava de rir ao me ver tão chateado por ser reserva.

— Você é muito engraçado! — disse.

Tudo parecia engraçado para Pili.

O time do Ibyss era formado por três meninas e quatro meninos. Falavam em inglês entre eles, mas acho que eram todos nascidos aqui, com exceção do centroavante, o famoso ruivo do Liverpool: McArthur, um verdadeiro animal, quase tão grande quanto os dois Pacheco juntos.

Então o árbitro apitou o início do jogo.

E imediatamente começaram os problemas.

Os jogadores do Ibyss davam chutões do campo de defesa para McArthur, que controlava a bola no campo de ataque, de costas para nosso gol, e a passava para os meios-campos, que vinham de trás e chutavam a gol.

Assim foram os primeiros dez minutos de jogo: um autêntico bombardeio.

O goleiro do Ibyss mandava a bola para a frente, McArthur a matava no peito ou a controlava com a cabeça ou a coxa, com os dois irmãos Pacheco pendurados nos ombros dele, e depois chutava para nosso gol de fora da área.

Não era uma tática muito elaborada, mas funcionava.

Tenho que dizer uma coisa que me incomoda e que eu nunca diria para Camunhas: se Deng Wao estivesse no gol, com certeza o jogo teria sido bem diferente.

O time deles era muito organizado.

A treinadora do Ibyss, que se chamava Robinson, não parava de dar ordens aos gritos e se mexia como um esquilo.

Pili passou todo o primeiro tempo rindo dos gestos, das corridas e dos gritos que a treinadora dava.

Ela parecia se importar muito pouco com o jogo.

Ria tanto que Toni se virava de vez em quando no campo e olhava para nós.

No 23º minuto, McArthur matou a bola no peito, lançou para Borja Ruipérez, o ponta-direita, que foi para a linha de fundo e cruzou para McArthur sem que os Pacheco ou Marilyn pudessem evitar.

A treinadora Robinson seguiu a trajetória da bola, inclinando-se para a frente, para a frente, para a frente, abrindo cada vez mais as pernas, como os ginastas e os lutadores de caratê, até o tronco ficar quase paralelo ao chão e o traseiro tão para cima que quase cobriu nossa visão.

Então, McArthur subiu e deu uma cabeçada incrível.

A bola saiu da cabeça dele muito forte, como se ele tivesse batido nela com o pé.

Camunhas se esticou e roçou a bola com a ponta das luvas, mas ela entrou no gol.

Todo o campo explodiu em gritos. A treinadora Robinson pulou tanto e ficou tão vermelha que pensamos que ela fosse ter um ataque cardíaco.

Ibyss, 1. Soto Alto, 0.

E assim chegamos ao intervalo.

— Não vou enganar ninguém. Estamos fazendo uma partida horrível e vocês sabem disso — disse Felipe quando entramos no vestiário.

— Isso não me surpreende, vendo como treinaram durante a semana — continuou Alícia.

— Não é pra tanto — protestou Toni. — Só estamos perdendo por um gol.

— Não estamos falando do resultado, mas de como vocês estão jogando — explicou Alícia. — Vou repetir uma coisa, que já falamos mil vezes nos treinos: a bola é sempre mais rápida do que vocês. Se tocarem a bola, chegarão ao gol e terão oportunidades.

— Para tocar a bola, alguém tem que passar ela pra você — falou Andrea, apontando para Toni. — E esse aqui parece querer a bola só pra ele.

— Quando você estiver desmarcada, eu te passo a bola, tampinha — retrucou Toni.

Começaram a discutir outra vez.

Assim não tinha jeito.

Então uma coisa fez com que todos se calassem.

Wao estava sobre a mesa, de pernas cruzadas, numa postura como a dos monges quando meditam.

Parecia totalmente fora do mundo. Estava tranquilo, com um leve sorriso, os olhos fechados.

— Ele está dormindo? — perguntou Camunhas.

Acho que ver Wao naquela postura, tão sossegado, alheio a tudo, nos acalmou um pouco.

Ao menos paramos de discutir alto no vestiário.

— Vamos fazer alterações: Aflito no lugar do Toni, Canela no lugar da Helena e Pili no lugar da Marilyn — anunciou Alícia.

Toni e Helena não gostaram da mudança.

Mas foi o que os treinadores decidiram.

No segundo tempo, continuamos jogando mal. Não conseguíamos dar um único passe certo.

Assim como tinha acontecido durante toda a semana nos

treinos, em vez de enfrentar o adversário, estávamos mais preocupados em demonstrar que éramos melhores do que nossos companheiros.

Isso nos fez esquecer o que éramos: um time.

Não fizemos nada além de perder a bola ao tentar driblar os adversários.

Pili era muito rápida, bem mais rápida do que Marilyn. Só que a única coisa que fazia era pegar a bola e sair em disparada para o gol adversário, como se fosse uma corrida e não um jogo de futebol e ela não tivesse companheiros de equipe.

O Ibyss criou muitas situações de perigo.

Para nós, era mais importante roubar a bola e armar o contra-ataque do que nos colocar em nossas posições para defender.

Numa jogada, Leguizamon roubou a bola de Andrea quando ela ia chutar a gol.

A torcida do Ibyss não parava de incentivar seu time.

E a nossa só discutia.

— Alícia, tire um zagueiro e coloque outro ponta, porque é preciso atacar pelas laterais! — gritou o pai do Camunhas da arquibancada. — Vocês são uns inúteis!

— Também estou contente em rever você, Quique — falou Alícia perto da linha lateral.

— Desculpe, é a emoção de estar aqui de novo — justificou-se ele. — Você ainda pode fazer uma alteração. Faça logo!

— Felipe, coloque o Francisco de uma vez por todas! — gritava, enquanto isso, minha mãe.

— Mas o Francisco já está em campo, querida — disse meu pai.

— O quê? — perguntou ela, confusa.

— Quem é Francisco? — quis saber Pili no banco.

— Quem você acha? — respondeu Helena, de mau humor, apontando para mim.

Pili começou a gargalhar.

— Canela se chama Francisco, como o papa! — completou Pili, que era capaz de rir e falar ao mesmo tempo.

Continuamos a jogar muito mal.

E aconteceu o que tinha que acontecer.

Levamos mais três gols.

Mais dois de McArthur.

E um de uma menina loira que corria como nunca.

Com 4 a 0, seria muito difícil a gente reverter o placar no jogo.

Sem um milagre, a gente perderia a vaga no Campeonato Interescolar.

E o time provavelmente acabaria.

Então, quando faltavam cinco minutos para o jogo terminar, uma coisa aconteceu.

Uma coisa que ninguém esperava.

23

Escanteio a nosso favor.

Andrea pegou a bola e se preparou para bater.

Todos nós estávamos na área para tentar arrematar, incluindo os irmãos Pacheco, que eram os mais altos e podiam tirar proveito disso.

Mas o que Andrea fez foi bater o escanteio direto para o gol, tentando marcar um gol olímpico.

Ela bateu tão mal que a bola caiu no pé do zagueiro central do outro time.

Ele afastou como pôde e a bola foi parar exatamente onde McArthur estava.

Sozinho, no meio do campo, sem marcação.

McArthur dominou a bola e saiu como uma flecha para o gol do Camunhas.

— Reze, amor — falou Felipe para Alícia, roendo as unhas.

Em três segundos, McArthur já estava na nossa área.

Imaginamos que ele chutaria para furar a rede.

Mas o que McArthur fez foi ameaçar, gingando para a esquerda e para a direita, sem tocar na bola.

Só que ele era esperto e tinha muito mais técnica do que a gente imaginava.

As duas gingadas, secas e rápidas, levaram Camunhas a se atirar no chão... derrubando McArthur.

Pênalti claríssimo.

E expulsão.

O pênalti mais claro da história do futebol, eu acho.

O árbitro mostrou o cartão vermelho e marcou a penalidade máxima.

Quique ficou louco na arquibancada.

— O que você apitou, árbitro? O gringo claramente se jogou! — disse ele.

Camunhas inclinou a cabeça e saiu do campo debaixo de vaias.

Mas Quique se levantou e o aplaudiu.

Foi o único em todo o campo a fazer isso.

— Pelo menos não foi gol. Parabéns, boa partida — consolou Felipe quando Camunhas passou por ele.

Alguém tinha que ir para o gol tentar defender o pênalti.

Felipe e Alícia olharam para Anita, a goleira reserva.

Ela se levantou.

Parecia muito assustada.

— Você tá pronta pra entrar? — perguntou Alícia.

— Se não tiver outro jeito... — respondeu, olhando para McArthur, que aguardava na marca do pênalti, com a bola nas mãos e sorrindo com cara de "vou te arrebentar".

Então Wao se levantou do banco e foi, mancando, até Anita.

— Se você querer, eu entrar e defender — disse com muita calma.

— Era o que faltava — falou Felipe. — Sinto muito, mas você não pode entrar, porque torceu o tornozelo.

Wao não se alterou com as palavras de Felipe.

Olhou para Anita e repetiu:

— Eu entrar e defender. Você decidir.

Por um instante, ninguém falou nada.

Camunhas sussurrou:

— Ele tá hipnotizando a Anita.

— Você tem certeza de que quer entrar, Deng Wao? — perguntou Alícia.

Wao não falou mais nada.

Tinha certeza.

E todos nós estávamos pensando a mesma coisa: durante os treinos ele tinha defendido todos os pênaltis que a gente tinha batido.

— Alguém tem que entrar já! O pênalti precisa ser batido — avisou o árbitro.

Anita não pensou mais.

Entregou as luvas para Wao e disse:

— Defenda.

Wao entrou no campo mancando.

Felipe e Alícia olharam para ele, preocupados.

Um burburinho percorreu toda a arquibancada.

Todos os torcedores observavam Wao com curiosidade.

Os do Soto Alto.

Os do Ibyss.

Jerônimo Florente ficou de pé, tentando ver melhor aquele menino que ia mancando na direção do gol.

Como Camunhas havia sido expulso, os treinadores tinham que tirar um jogador de campo.

— Canela, pro banco — mandou Felipe.

Sobrou para mim.

— Sinto muito — falou Alícia —, mas ficamos com um a menos.

Saí e fiquei ao lado do banco sem dizer nada.

McArthur se preparou para bater o pênalti.

Nosso professor de espanhol, o Lagarto, torce para o Barcelona e diz que no time houve um goleiro muito famoso chamado Platko.

Um dia, ele fez uma partida tão incrível que um poeta muito importante escreveu um poema chamado "Ode a Platko".

O poeta era Rafael Alberti.

Que eu saiba, foi a única vez na história que um poeta escreveu um poema para um goleiro de futebol.

Se naquela tarde algum poeta estivesse assistindo ao nosso jogo, poderia escrever uma **"Ode a Wao"**.

O lance do pênalti não foi nada comparado com o que aconteceu depois.

O que houve foi o seguinte:

Após o pênalti, Wao conseguiu fazer uma defesa ainda mais impossível.

E, na real, quando digo impossível, estou falando de uma dessas defesas que nenhum ser humano é capaz de fazer.

Todos na arquibancada e nos bancos de reservas continuavam cochichando sobre como aquele pênalti tinha sido estranho...

— Deve ter sido um golpe de vento — disse um dos pais do Ibyss.

Aflito e Marilyn achavam que a bola tinha desviado do gol sozinha.

De repente.

Sem que ninguém a tocasse.

— Foi uma defesa mágica — falou Aflito.

— O que você está dizendo? — perguntou Marilyn.

— Eu estava perto dele — insistiu Aflito.

— Mas você cobriu os olhos com medo de receber uma bolada, como sempre! — protestou Marilyn.

— Sempre dou uma espiadinha por entre os dedos. Por segurança — replicou Aflito.

O fato é que, enquanto discutiam, aconteceu uma coisa que eu nunca tinha visto em toda a minha vida.

O jogo ainda não tinha terminado.

Eles continuavam atacando.

McArthur deixou a bola morta para um meio-campo do seu time na beira da área.

O meio-campo chegou correndo para chutar.

Deu um chutaço de fora da área e a bola voou na direção do nosso gol.

A bola ia entrar no ângulo.

Um chute indefensável.

Naquele momento, Deng Wao, manco, quase sem poder se mexer, deu um salto impossível por cima de Aflito e Marilyn...

E afastou a bola com os dedos da mão quando a bola estava quase entrando.

Vou repetir:

Wao saltou sobre Aflito e Marilyn.

Ficou suspenso no ar.

Como se estivesse voando.

E tocou na bola apenas o suficiente para desviá-la.

Depois, Wao caiu no chão.

No campo, ninguém se mexeu.

Ninguém ousou dizer nada.

Os jogadores que estavam em campo, o árbitro, Felipe e Alícia, a treinadora Robinson, Jerônimo Florente, quem estava nos bancos, o público da arquibancada... Absolutamente todos olhavam para Deng Wao.

Todos, com exceção de duas pessoas.

O pai e a mãe dele.

Eles se levantaram e saíram em silêncio.

Wao finalmente se levantou.

Continuava mancando.

E falou:

— Acontecer alguma coisa?

Então, o árbitro reagiu.

E apitou o fim do jogo.

Ibyss, 4. Soto Alto, 0.

Eles nos golearam e praticamente garantiram a vaga para jogar o Campeonato Interescolar naquele ano.

Mas ninguém falava disso no fim do jogo.

Todos só falavam de uma coisa: Deng Wao.

Ele atravessou o campo lentamente, tentando não apoiar o pé no chão.

— Até logo! — disse.

E entrou no carro dos pais, que esperavam por ele com o motor ligado.

Foi embora sem falar com ninguém.

No dia seguinte, ninguém viu Wao nem os pais dele na cidade.

Acho que ficaram trancados em casa.

Muitos curiosos apareceram na praça.

Mas, como era domingo, a agência estava fechada.

Não havia sinal deles.

Então tivemos que esperar dois dias depois do jogo para vê-lo de novo.

Na segunda-feira, Wao chegou à escola como se nada tivesse acontecido.

Mas nada voltaria a ser igual.

Todos falavam sobre o que tinha ocorrido durante o jogo.

Os alunos da nossa classe e dos outros anos olhavam para ele cada vez que se aproximava e cochichavam.

O jornal da tevê local começou exibindo uma fotografia do Deng Wao.

E uma manchete ocupava a tela inteira:

"O goleiro fantasma".

Diziam que um menino chinês, mancando, tinha feito duas defesas impossíveis durante um jogo do campeonato infantil da região.

— Não foi um jogo do campeonato — disse eu.

— Não tem importância, Canela. Os jornalistas também se enganam — falou meu pai.

O fato é que, depois que a notícia surgiu, a cidade ficou cheia de curiosos e jornalistas que perguntavam sobre Deng Wao.

Era verdade que ele levitava?

Que movia objetos com a mente?

Que era um prodígio em matemática?

Que ninguém jamais tinha marcado um gol nele?

Os jornalistas não paravam de perguntar a todos os moradores na praça, na porta da escola, na agência de viagens dos pais dele...

Mas não eram os únicos que tinham vindo para a cidade.

Naquela segunda-feira, também havia chegado Sebastião.

Sebastião Aulon tinha cabelos grisalhos, barba muito comprida e óculos enormes.

Sempre usava terno e sorria o tempo todo.

Sebastião tinha um *blog* muito famoso: *Fantacientíficos*.

Era uma palavra que ele havia inventado e tinha ficado muito famosa.

Fantacientíficos.

Era uma forma de dizer:

— Poderes sobrenaturais.

— Coisas cientificamente inexplicáveis.

Como a aparição de extraterrestres.

Ou fantasmas.

Ou casas assombradas.

Ou muitas outras coisas.

Coisas "fantásticas".

E coisas "científicas".

Fantacientíficos.

Sebastião aparecia muitas vezes na tevê participando de diferentes programas ou dando entrevistas.

Com aquela barba tão comprida e aquela palavra que tinha inventado, ele havia se tornado tão famoso quanto um jogador de futebol, um ator ou um cantor.

Sebastião tinha uns sessenta anos, embora ninguém soubesse com certeza.

Fantacientista.

Era o que ele dizia sobre si mesmo.

Ele estudava qualquer coisa que não tivesse explicação.

Mas a especialidade dele era:

"Pessoas que fazem coisas extraordinárias, para além da lógica."

Era o que dizia em seu *blog*.

E Sebastião Aulon estava na nossa escola.

Assistindo ao nosso treino.

No primeiro dia, ficou sentado e não falou com ninguém. Simplesmente observava tudo o que fazíamos.

Quando o treino acabou, ele foi embora sem dizer uma palavra.

No dia seguinte, estava lá de novo quando entramos no campo. E Estevão, o diretor, o acompanhava. Quando soube que Sebastião Aulon estava na escola, ele logo apareceu. Estranho foi ele não ter vindo no primeiro dia. Os dois conversavam bem animados.

Felipe e Alícia ficaram muito nervosos.

Especialmente Alícia.

Depois de um tempo, ela foi falar com ele.

— Isto não é uma feira!

Então ela disse mais coisas, e Sebastião ficou muito sério. De onde estávamos não conseguíamos ouvir bem.

— Que é a última vez... chega, chega... Tem coisas que... Não posso acreditar que você me venha com essas...

Dava para ouvir pedaços soltos da conversa.

Ficaram assim por um bom tempo. Ela parecia um pouco nervosa e falava sem parar, enquanto ele olhava para ela, sem dizer nada.

Depois Felipe se aproximou e apertou a mão do Sebastião.

Alícia balançava a cabeça, negando.

Olhamos uns para os outros e nos aproximamos lentamente para ouvir melhor.

— Eu te entendo, de verdade, mas os garotos estão disputando uma vaga no campeonato. Isso acaba distraindo o time, Sebastião — falou Felipe.

— Reconheça que o garoto é um caso digno de estudo — disse Sebastião.

— Não é um caso — retrucou Alícia. — É um garoto que mudou de escola pela quarta ou quinta vez e...

— Os pais dele assinaram a autorização — interrompeu Estevão.

Todos olhamos para Deng Wao, que encolheu os ombros.

O que os pais assinaram?

— Façam como quiser — conformou-se Alícia. — Nada de bom vai sair disso.

Ela se virou e veio até onde estávamos.

— Estevão tem que anunciar algo para vocês.

E completou:

— Outra vez.

Olhamos para Estevão e tememos o pior.

Ele apontou para Sebastião e falou:

— Como vocês já perceberam, Sebastião Aulon, o famoso fantacientista, veio nos visitar...

Olhou para Sebastião com um sorriso de orelha a orelha e piscou, como se dissesse: "Eu também entendo disso".

E então acrescentou:

— Bem, agora Sebastião... tem que dizer algo para vocês.

— Mas, afinal, quem tem que dizer algo pra gente? — perguntou Camunhas.

— É tão ruim que nem Alícia nem Estevão se atrevem a dizer? — indagou Aflito.

Sebastião deu um passo à frente e sorriu gentilmente.

— Olá, fenômenos — cumprimentou ele. — Não se preocupem, não vou dizer nada ruim. No outro dia, durante o jogo, vocês testemunharam um fato extraordinário, uma coisa que acontece poucas vezes na vida. Sei que estão muito chatea-

dos porque levaram quatro gols, mas acho que podem virar esse placar.

— Você consegue ver o futuro? — indagou Tomás.

— Se ele tá dizendo, deve ser por alguma coisa — afirmou Marilyn.

— Não digo isso como fantacientista, mas como torcedor — explicou Sebastião. — Além disso, confio muito na Alícia, ela é uma excelente treinadora. Bem, e também confio no Felipe, claro. Eles formam uma boa parceria...

— Vá direto ao assunto — interrompeu Alícia.

— Deixa ele falar — disse Felipe.

Cruzei o olhar com o de Helena. Parecia que Felipe e Alícia já conheciam Sebastião.

— Continuando — retomou Sebastião. — Outro dia acon-

teceu algo extraordinário e vou pedir que me ajudem a descobrir o que ocorreu. Nos próximos dias vou trabalhar com Deng Wao. Mas também vou fazer perguntas para quem teve a sorte de testemunhar aquele momento. Eu só queria pedir a colaboração de vocês. O que acham?

Todos os olhares se dirigiram para Wao.

Ele continuava ali, imóvel, sem dizer nada.

— O que eles acham? — exclamou Alícia. — Eles só têm onze anos, Sebastião!

— Vamos aparecer na tevê? — perguntou Pili, sorridente.

— Acho que não, porque vocês são menores de idade. O único que vai aparecer é Wao, porque tem autorização dos pais — respondeu Sebastião. Ao ver nossa cara de decepção, acrescentou: — Mas vou falar de vocês no programa.

— Que legal! — falou Oito.
— E quando é o programa? — quis saber Andrea.
— Sim, e que horas ele passa? — completou Anita.
— Tá bom, tá bom — disse Alícia. — Chega de bobagens. Agora, vamos trabalhar.
— Isso mesmo, pois sábado temos que fazer um grande jogo. Não vamos nos esquecer disso — acrescentou Felipe.

Então começamos a treinar, menos Deng Wao, que ainda mancava um pouco por causa do tornozelo torcido.

Ele ficou o tempo todo sentado na beira do campo com Sebastião.

Enquanto treinávamos, volta e meia olhávamos para eles. Os dois conversavam.

De vez em quando Sebastião falava algo e Wao fazia sim ou não com a cabeça.

No fim do treino, se despediram com um aperto de mão, como fazem os adultos.

— O que ele te perguntou, Wao? — falou Toni.
— Ele vai fazer experiências estranhas com você? — perguntou Aflito.
— Não sei. Falar sobre tempo na China.
— Tempo? — estranhou Helena.
— Nuvens, chuva, muito calor e umidade, tempestades... Tempo que faz em Tianjin — explicou Wao.

Depois de dizer isso, foi embora tranquilamente.

Como se falar sobre o tempo com Sebastião Aulon fosse a coisa mais normal do mundo.

Camunhas veio para meu lado e comunicou:

— Tenho que falar com você sobre uma coisa.

Eu ia responder, mas Marilyn chegou.

— Vamos, Canela. Hoje temos aula de matemática na sua casa.

Era verdade.

Eu nem me lembrava mais das aulas particulares com Marilyn.

— Desculpe — disse eu para Camunhas. — Tenho que ir.

Camunhas encolheu os ombros.

Anita e Helena cochicharam alguma coisa.

Toda vez que Marilyn e eu estávamos juntos elas duas cochichavam.

Talvez pensassem que eu não percebia.

Ou não se importassem.

O fato é que lá estavam elas sussurrando.

— Vamos — falei.

Marilyn e eu fomos andando juntos para casa.

— Eu simpatizo com Sebastião. Minha mãe sempre lê o *blog* dele, o *Fantacientíficos* — comentei.

— Ah, tá — disse Marilyn.

— O que tem de errado? — perguntei.

— Nada — respondeu ela —, mas a coitada da Alícia deve estar bem mal.

— Por quê?

— Imagine: Sebastião não foi ao casamento dela nem nada, e agora aparece aqui de repente por causa do Wao.

Como assim?

Por que Sebastião deveria ter ido ao casamento da Alícia e do Felipe?

— Estou perdido — admiti.

— Tá muito claro, Canela. Se você se casasse, ia querer que seu pai fosse ao seu casamento, não ia?

Quase engasguei ao ouvir aquilo.

— Nunca vou me casar — protestei —, e além disso... Peraí, o que você acabou de dizer? O que meu pai tem a ver com o que estamos falando?

— Tem muito a ver — Marilyn olhou para mim como se estivesse dizendo: "Você não percebe?".

— Desculpe, mas continuo sem entender...

— Nossa, Canela, todo mundo sabe que Sebastião é pai da Alícia!

O quê?!

Sebastião Aulon era pai da nossa treinadora?

Meu irmão abriu a porta de casa e olhou para a gente de cima a baixo.

— É sua namorada, pirralho?

Eu o fulminei com o olhar.

Notei que Marilyn estava ficando vermelha.

Disse a primeira coisa que me passou pela cabeça:

— Você sabia que Sebastião Aulon é pai da Alícia, a treinadora do time de futebol?

— Hein? — falou Victor.

— Todo mundo sabe — disse Marilyn.

— Bom, tenho que ir — afirmou Victor. — Vou deixar vocês sozinhos.

171

E sorriu.

— Ah, e não sou namorada dele — esclareceu Marilyn. — E também não seria sua, mesmo que você fosse o único menino da cidade.

Meu irmão olhou pra ela outra vez e então soltou uma gargalhada.

— Que temperamento sua namorada tem!

E foi embora, rindo e olhando para a gente de canto.

Marilyn e eu pegamos os livros e os cadernos de matemática e começamos a estudar.

Tantas coisas tinham acontecido que a geometria parecia ser a coisa menos importante naquele momento.

— O que você acha que Sebastião vai fazer com Deng Wao? — quis saber ela.

— Talvez um exame médico, como os jogadores de futebol quando são contratados — respondi. — E a gente? Quando ele vai nos interrogar? Eu não quero que ele me faça perguntas difíceis...

Então me lembrei do que tinha acontecido na praça na noite antes do jogo.

Eu tinha prometido ao pai do Wao não contar nada, mas, se Sebastião Aulon, com sua barba comprida e seus óculos, olhasse para mim e perguntasse, não sei o que faria.

— Você acha que Sebastião também pode ler a mente das pessoas? — perguntou Marilyn.

— Hein?

— Igual ao seu irmão — falou ela, rindo.

— O quê?

— Isso mesmo. Você fez a mesma cara que seu irmão e disse a mesma coisa: "Hein?".

E riu novamente.

Ninguém nunca me contou que eu era parecido com Victor nem que tinha feito alguma coisa igual a ele. Na real, não gostei.

— Não, não — corrigi. — Meu irmão e eu não nos parecemos em nada.

— Tá bom, como você quiser.

— E essa história de ler a mente... Não acredito nela. Sebastião estuda pessoas que fazem coisas estranhas, mas ele é um cara comum.

— Isso nós vamos ver — afirmou Marilyn com um jeito misterioso.

E logo acrescentou:

— Bom, vamos estudar?

Eu me concentrei no problema de matemática que estava na minha frente e tentei esquecer Sebastião, Wao, o jogo e até mesmo Marilyn.

Mas ela não parava de se mexer.

Tinha sentado na cadeira de rodinhas do meu pai e ia o tempo todo de um lado para o outro, como se estivesse numa bicicleta.

— Pode parar um pouco, por favor? — pedi. — Assim ninguém consegue se concentrar.

Marilyn parou a cadeira.

Muito perto de mim.

— Canela...

— O que foi agora?

Marilyn estava bem do meu lado.

E isso me deixou bastante nervoso, na real.

Ela estava tão perto que eu podia sentir o cheiro dos cabelos dela.

— Canela... — repetiu.

— Quê!?

— É uma bobagem, mas queria que você soubesse...

Olhei para Marilyn. Ela continuava olhando para mim.

— O beijo do outro dia...

Ia começar outra vez.

— Bom — disse Marilyn finalmente —, foi o primeiro beijo da minha vida. Quer dizer, um beijo na boca. Pronto, é isso.

— Ah...

— E você? — perguntou ela.

— Eu o quê? — falei, meio perdido.

Ela continuava me olhando.

— Foi seu primeiro beijo também?

Naquele momento, pensei em Helena. E na Nihal, a menina turca.

E respondi:

— Não exatamente, na verdade esse não foi meu primeiro beijo.

Então ela me olhou de um jeito estranho e disse uma coisa que nunca vou esquecer.

Ela se aproximou muito, muito e propôs:

— Vamos dar outro?

Quase caí da cadeira.

— Agora? Um beijo assim de repente? — perguntei, quase sussurrando.

Marilyn concordou com a cabeça.

— Estamos no meio do problema de matemática — foi a primeira desculpa que me passou pela cabeça.

— Não tem ninguém. Estamos sozinhos — argumentou ela.

— Hummmmm...

Eu não sabia o que dizer.

Estávamos sozinhos na sala de estar da minha casa.

Marilyn estava bem do meu lado.

Olhando para mim daquele jeito.

E eu só pensava em fugir.

Mas não seria nem um pouco normal sair correndo da minha própria casa.

Também pensei em dizer para ela que a história do beijo tinha sido um mal-entendido, uma aposta ridícula e absurda.

Pensei em muitas coisas ao mesmo tempo.

Mas não sabia o que fazer nem o que dizer.

Quando eu estava quase desmaiando...

... a porta de casa se abriu!

E meu pai apareceu.

Acho que nunca tinha ficado tão feliz em vê-lo.

— Pai! — exclamei.

Dei um pulo e o agarrei com todas as minhas forças.

— O que foi? — perguntou ele. — E quem é essa menina tão simpática?

— Marilyn, colega de classe do Francisco, estou dando uma ajuda para ele em matemática — disse ela.

— Muito bem — falou meu pai. — Continuem a fazer suas coisas. Estou muito cansado... Que dia eu tive hoje! Na padaria houve uma confusão que terminou com uma guerra de tortas, vocês acreditam? Começaram uma discussão e acabaram se empurrando e jogando tortas na cara uns dos outros. Não sei no que as pessoas andam pensando ultimamente.

— E por que discutiram? — perguntei, preferindo um milhão de vezes conversar com meu pai a ficar a sós de novo com Marilyn.

— Bom, pelo visto, tudo começou por uma bobagem — contou ele —, alguma coisa sobre os chineses... Que há muitos chineses no país, que aqui não existe trabalho para todos... Enfim, eu tive que ir lá e quase prendi todo mundo.

Marilyn e eu nos olhamos.

— E alguém foi preso? — quis saber ela.

— Não, não, não foi necessário — respondeu meu pai.

E desapareceu pela porta da cozinha.

— Vou tomar alguma coisa e deitar um pouco — disse ele da cozinha, embora já não pudéssemos vê-lo.

Marilyn olhou para mim.

— Coitado do Wao — lamentou. — Deve estar muito mal com tudo isso.

— Sim — concordei.

Parecia que ela tinha esquecido o beijo.

Ainda bem.

Então a campainha tocou.

— Alguém tá chamando — falou Marilyn.

— Vai ver quem é, Canela! — gritou meu pai da cozinha.

— Já vou!

Abri a porta.

Lá estava Camunhas.

Na minha frente.

— Oi — cumprimentei. — O que você tá fazendo aqui?

Ele me olhou e disse, sem rodeios:

— Eu sei quem quebrou a vitrine dos chineses.

28

— Quem é? — perguntou meu pai, aparecendo na porta da cozinha, com seu uniforme de policial.

Camunhas estava prestes a me contar uma coisa muito importante.

Apesar de ser meu pai, ele também era policial.

Marilyn se aproximou da porta da sala de estar.

— Quem é? — perguntou.

Eu estava no meio dos três.

Não sabia o que fazer.

Então fiz a primeira coisa que me ocorreu.

— Não é ninguém — respondi. — Foi engano.

E bati a porta.

Acho que Camunhas ficou de boca aberta.

Mas fiz aquilo pelo bem dele.

Se ele queria confessar uma coisa tão importante, aquele não era o melhor momento, com meu pai e Marilyn me fazendo perguntas.

— Engano? Como assim? — indagou meu pai.

— Não sei no que as pessoas andam pensando ultimamente — afirmei, repetindo o que ele mesmo tinha dito um pouco antes.

Meu pai coçou o queixo e saiu da cozinha, como se não estivesse muito convencido.

— Bom — falei —, Marilyn e eu temos que sair.

— É mesmo? — perguntou ela.

— Sim — disse eu. — Você sabe, nós temos que sair.

— Mas vocês não estavam estudando matemática? — estranhou meu pai.

— Exatamente — respondi —, e por isso mesmo agora temos que ir... consultar uma coisa na biblioteca... uma coisa muito importante de geometria, né?

E, sem dar tempo para Marilyn responder, eu a puxei para fora da minha casa.

— Posso saber o que está acontecendo? — perguntou ela assim que saímos.

Eu olhava para todos os lados procurando Camunhas, que parecia ter desaparecido.

— O que foi? — insistiu Marilyn.

— Nada, Camunhas estava aqui agora mesmo e...

— Mas, então, foi Camunhas quem tocou a campainha? Não entend...

Ela não pôde terminar a frase, porque alguém saiu de trás de uma árvore e falou:

— Posso saber o que você tá fazendo?

Era Camunhas.

— Estou fazendo o que tenho que fazer — respondi. — Como meu pai é policial, se tivermos que falar sobre o que aconteceu na outra noite, é melhor estarmos sozinhos.

— E o que tem pra falar sobre a outra noite? — quis saber Marilyn.

— Ah, e sua namorada pode ficar sabendo, né? — disse Camunhas.

— Ela não é minha namorada! — protestei.

— Não sou namorada dele! — repetiu Marilyn.

— Bom, vamos ao que interessa: então, quem quebrou a vitrine dos chineses? — perguntei.

— Você sabe quem foi? — exclamou Marilyn, olhando para Camunhas.

Ele ficou calado por um momento.

E então contou:

— Vou conversar com Sebastião amanhã. Tenho medo de que ele fique sabendo de uma coisa... Vocês lembram que eu falei que na noite em que quebraram a vitrine eu estava tomando um sorvete com meu pai em casa, depois da reunião na fábrica?

— Claro que sim — respondeu Marilyn.

— Bom, não era verdade — revelou ele.

— Ou seja, na real, você não foi pra casa tomar sorvete — falei.

— Sim, fui direto pra casa e tomei um sorvete na cozinha — disse Camunhas —, mas quem não estava em casa era meu pai.

Marilyn e eu olhamos para ele.

Camunhas estava confessando algo muito importante.

— É muito estranho, porque meu pai tinha permissão pra passar aquela noite fora da prisão, e, quando isso acontece, ele fica em casa tranquilo e não vai a nenhum lugar — continuou Camunhas. — Mas, quando voltei da reunião, ele não estava lá. E então, muito mais tarde, quando eu já estava deitado, ouvi a porta da rua e meu pai entrando em casa. Não sei que horas eram; com certeza mais de duas ou três.

— Então... ele... — gaguejou Marilyn.

Claro, se alguém estava incomodado na cidade com os Deng, era o pai do Camunhas. Os chineses tinham ficado com a agência e ele estava preso.

E agora, com o que Camunhas tinha contado, tudo se encaixava.

Quique havia se tornado o suspeito número um.

Marilyn coçou o nariz. Olhou para Camunhas e disse:

— Peraí... Você não tá dizendo tudo isso porque na verdade foi você e tá querendo colocar a culpa no seu pai, né?

Camunhas parecia estar a ponto de explodir. Virou-se para mim e falou:

— Diz pra sua namorada parar já de falar bobagens desse tipo! Se eu te contei é porque tenho medo do que Sebastião pode perguntar. E também do que pode acontecer com o meu pai. Essa é a verdade.

Deu meia-volta.

E foi embora.

Marilyn e eu ficamos ali, na rua, vendo Camunhas se afastar.

Ela encolheu os ombros.

— Todos estão insistindo nessa história de que somos namorados — afirmou. — Bom, acho que por hoje terminamos a aula de matemática.

29

— Conte-me seu segredo.

— Como? — perguntei, um pouco assustado.

Ele olhou para mim fixamente. E repetiu:

— Conte-me seu segredo.

Engoli em seco.

Sebastião havia tirado os óculos e me encarava.

Seus olhos eram de um verde muito claro.

Agora, de perto, notei que pareciam os olhos de Alícia.

Fazia menos de dois minutos que estava na frente dele.

Não sabia como andavam as coisas.

Eu era o último do dia. Estevão tinha emprestado sua sala para Sebastião fazer as entrevistas.

Antes de mim, ele tinha falado com os outros jogadores do time, um por vez.

Todos saíram muito felizes da entrevista.

— Ele é supersimpático! — exclamou Anita.

— Fala com você como se te conhecesse desde sempre, como se fosse um colega seu — contou Tomás.

— Ele me deu conselhos muito bons pra não ter medo à noite. Vou experimentar... — disse Aflito.

— E ele me ensinou como preparar a melhor vitamina de morango do mundo — falou Oito.

— Pra mim, ele explicou como chegar ao final da série de um dos *videogames* de mistério, ação e aventura de que mais gosto, até me disse onde estariam os tesouros escondidos... — comentou Toni.

Peraí.

— Sebastião também joga *videogame*? E faz vitamina de morango? Ele sabe tudo? — perguntei.

— Você tá vendo que sim — respondeu Helena. — Ele me deu uma fórmula para calcular a felicidade das pessoas.

— Não acredito! — falei.

— Ele me disse que a padaria dos meus pais faz os melhores pãezinhos da região — continuou Tomás. — E depois

me deu essa barra de chocolate, a melhor que provei em toda a minha vida!

— Ele me deu uma lista com os cem melhores livros de fantasia e aventuras. Parecia saber que são meus favoritos — contou Marilyn.

— Ele é genial, e tem um sorriso lindo — elogiou Pili.— Eu quero ter um sorriso assim quando tiver sessenta anos.

— Ele sabe um montão de coisas — falou Ortiz.

— É supersimpático — acrescentou Leguizamon.

Todos falavam maravilhas dele.

Entre uma entrevista e outra, Sebastião saía e dava uma voltinha ou conversava com Felipe. Eles faziam gozações e riam muito alto.

Quem parecia não estar nada contente com o que estava acontecendo era Alícia. Passou o treino gritando e dando broncas em todo mundo.

Até Camunhas, que estava muito nervoso, saiu feliz da entrevista com Sebastião.

— Você não precisa se preocupar com nada — disse ele.

E finalmente eu entrei.

Sebastião me ofereceu um copo de água.

Depois ele tirou os óculos e se aproximou de mim.

— Conte-me seu segredo — disse.

"Chega!", pensei.

Eu não podia continuar escondendo isso por mais tempo.

Olhei para ele, tomei fôlego e contei meu segredo.

— Eu beijei a Marilyn, que é a capitã do time, por causa

de uma aposta, e agora todo mundo pensa que somos namorados, mas eu não gosto dela. Se eu gostasse de uma menina, e nem estou dizendo que eu goste, mas se existisse uma, seria a Helena. O que acontece é que eu não sei como dizer a verdade para a Marilyn, nem para a Helena, nem para ninguém — falei de uma só vez.

Sebastião sorriu.

Seus olhos verdes agora pareciam cinza.

Ele olhou para mim fixamente.

E falou:

— Vou te contar três coisas. Primeira: você vai marcar um gol decisivo. Segunda: Helena também gosta de você, mas, se não esclarecer a situação com a outra que beijou, vai perdê-la. Ah, e você também vai perder mais alguém, alguém muito importante.

Meu pai adora programas de horóscopo e adivinhos que passam na tevê. Sempre que pode, ele assiste como se estivesse hipnotizado.

E então diz:

— Bobagens.

Então, por que os vê de novo e de novo, se quando terminam ele sempre diz a mesma coisa?

— Bobagens.

É outro dos grandes mistérios não resolvidos.

O fato é que nesses programas sempre há frases assim: "Alguém muito próximo que você não espera virá te visitar".

Ou: "Uma pessoa muito querida terá uma boa notícia".
Ou: "Você vai perder alguém muito importante".
Exatamente o que Sebastião tinha me dito.
Quem era esse alguém muito importante para mim?
O que isso tinha a ver com os beijos e com Marilyn?
E quando eu marcaria o gol decisivo?
Grandes mistérios.
Sebastião Aulon não me disse mais nada.
Terminamos a entrevista e ele foi passear.

— Você tá bem, Canela? — perguntou Marilyn quando saí.
Olhei para ela.
E pensei:
"Marilyn, ouça com atenção: eu gosto de você, mas não te amo. E o beijo que te dei foi por uma aposta que nunca deveria ter feito. Sinto muito. Mas tinha que te dizer isso, porque, se não dissesse, pelo visto, poderia perder duas pessoas".
Só que, em vez disso, falei:
— Hummmmmmm.
E fui para casa.
Lá, no meio da sala, uma pessoa estava conversando com minha mãe.
Uma das últimas pessoas que eu imaginava que veria na minha casa.
Alícia.
Ela estava com uma cara horrível, como se tivesse chorado muito.
— Passamos a semana inteira discutindo — disse Alícia.

— Ele e meu pai se comportam como se fossem amigos de toda a vida. Ele não me escuta mais.

— Não se preocupe. São briguinhas de recém-casados. Você verá como tudo se ajeita — falou minha mãe, tentando confortá-la.

— Estamos todos distraídos: Estevão, distraído; nós, distraídos; as crianças, distraídas... E no sábado temos um jogo superimportante do qual ninguém mais se lembra. Temos que fazer um milagre, ou o time acaba. Parece que Felipe não percebe que nós dois vamos ficar sem trabalho ao mesmo tempo...

Pensei que talvez Alícia tivesse ciúme de Felipe porque ele se dava bem com o pai dela e ela não.

Também pensei que elas não tinham percebido que eu tinha entrado em casa.

Alícia e minha mãe continuavam conversando como se nada tivesse acontecido.

— Além disso, dar tanta importância ao Wao pode não ser bom para o pobre menino — disse minha treinadora.

— Sim, claro — concordou minha mãe. — Emílio diz que as pessoas daqui estão muito nervosas com a questão dos chineses...

— E ainda com a tevê em cima disso todo santo dia...

— Os jornalistas às vezes passam dos limites... E me diga uma coisa: como você consegue trabalhar com seu próprio marido? O dia todo com ele em casa e depois também no trabalho...

Alícia suspirou.

Ela ia responder.

De repente, as duas se viraram ao mesmo tempo, como se tivessem percebido alguma coisa.

E me viram na porta da sala.

Eu sorri.

— Você está aí há muito tempo, Canela?

— Um pouco — respondi.

— Bom, suba e vá fazer a lição de casa, que Alícia e eu estamos falando sobre coisas de adultos — disse minha mãe.

— Tenho onze anos — protestei.

Mas não adiantou.

Eu não sabia que Alícia e minha mãe eram tão amigas.

O que eu sabia era que os adultos sempre estão de acordo numa coisa: quando uma conversa fica interessante, temos que ir para nosso quarto.

31

1. Você notou algo estranho na escola ultimamente?
2. Você viu algum colega ou professor fazendo ou dizendo alguma coisa estranha?
3. Você acha que se comporta de maneira diferente ou estranha?
4. Você presenciou algum acontecimento extraordinário, fora do normal?
5. Você já viu uma pessoa com poderes sobrenaturais?

Todos na escola tivemos que responder a esse questionário. Eram perguntas que, pelo jeito, Sebastião tinha preparado.

Estevão, o diretor, reuniu a gente no auditório e falou:

— Temos uma responsabilidade.

Depois disse:

— Também temos uma oportunidade.

E por último:

— O Colégio Soto Alto orgulha-se de que Sebastião Aulon esteja conosco.

E então ele nos deu as folhas com as perguntas.

Estávamos todos lá.

Bem, todos menos um.

Deng Wao tinha desaparecido havia dois dias.

Mas a gente sabia perfeitamente onde ele estava.

Fazendo testes com Sebastião.

Em algum lugar secreto.

Até que finalmente, naquele dia, depois da reunião no auditório, Wao apareceu no pátio.

— Onde você estava, Wao?

— O que andou fazendo?

— O que Sebastião disse?

— Você tem poderes ou não?

— Você vai poder participar do jogo de sábado ou ainda tá mal do tornozelo?

Wao sorriu, como sempre fazia.

E então falou:

— Eu fazer muitos testes. Sebastião ser bom comigo. Curar tornozelo também.

Camunhas balançou a cabeça, como se dissesse "eu já sabia".

Se Wao estava mesmo recuperado, claro que seria o goleiro titular.

Naquela tarde, no treino, Felipe e Alícia estavam muito sérios. Disseram que tinha chegado a hora da verdade.

— Chegou a hora da verdade — falou Alícia.

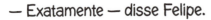

— Exatamente — disse Felipe.

— Temos que vencer o Ibyss.

— E nós temos que ganhar por mais de quatro gols de diferença.

Houve um burburinho generalizado.

Ninguém, nem mesmo Pili, que para mim era a mais otimista, acreditava que pudéssemos marcar cinco gols no Ibyss.

— Em vez de virar o placar, vamos levar mais quatro gols do Ibyss — resmungou Aflito.

Aflito sempre diz coisas assim. Já sabíamos disso.

Mas dessa vez o comentário dele não tinha nenhuma graça.

Alícia olhou para ele e disse:

— Se é o que você pensa, é melhor não vir ao jogo.

Os ânimos não estavam para brincadeiras.

E a gente sabia que tinha muito pouca chance.

Mas então a pessoa que ia colocar as coisas no lugar entrou no campo.

32

Joana Casas. Minha mãe.

Idade: nunca diz. Melhor não perguntar.

Profissão: vendedora numa loja de presentes.

Time: Atlético de Madrid.

Grau de irritação numa escala de 0 a 10 quando entrou no campo: 10.

— Posso saber o que tá acontecendo aqui? Vocês vão me explicar? — falou aos gritos, olhando para todos. — Amanhã vocês têm o jogo mais importante da vida. Bom, e também da minha e da de todos os alunos, professores e pais do Soto

Alto. Se vocês não ganharem amanhã, ficarão fora do campeonato e o time acabará!

Felipe e Alícia foram ao encontro dela, surpresos.

— Joana, por favor, nós cuidamos disso — disse Felipe.

— Felipe, Alícia, entendo que tenham seus problemas em casa, mas vocês têm algo muito mais importante que isso: um time pra salvar — afirmou minha mãe. — Se for necessário, meu filho pode ficar no banco. Aceito qualquer coisa pra salvar o Soto Alto.

— Mãe! — protestei.

— Francisco, as pessoas não importam aqui, o que importa é o time. — Então se dirigiu a todos: — Muitos de vocês eu conheço desde sempre; outros, há uma semana. Eu sei que vocês acham que é impossível virar o placar no jogo de amanhã. Mas eu digo que podem fazer isso, tenham fé. Amanhã vocês entrarão pra vencer e não estarão sozinhos, porque nós vamos apoiar!

E então apareceu a maioria dos pais e mães do time: a mãe da Marilyn, a do Camunhas, a da Helena, o pai do Tomás… Praticamente todos estavam ali.

Maria Dolores, a mãe da Marilyn, tomou a palavra como nova presidente da Associação de Pais.

— Nós viemos dizer que amanhã vocês ganharão do Ibyss — disse ela. — Não temos nenhuma dúvida. E vocês também não deveriam ter.

— Toda a cidade vai apoiar o time — acrescentou a mãe do Camunhas.

E então ela tirou um cartaz enorme de um tubo que estava carregando.

No cartaz estava escrito:
SOTO ALTO *vs* IBYSS
Sábado, 19 de setembro.
O jogo decisivo.
Esperamos todos vocês!

Ela parecia muito orgulhosa.

— Foi o Quique que mandou. O cartaz foi feito pelos rapazes do pavilhão C do presídio, que são bem legais. Não ficou bacana?

— Sim, sim, claro, muito bacana — dissemos.

Todas as mães e pais olhavam para gente.

Minha mãe falou:

— Vocês são os melhores. E são um time.

Então olhou para a mãe do Camunhas e as duas começaram ao mesmo tempo:

— Soto Alto ganhará, rá, rá, rá!

Fizeram uma dancinha na frente de todo mundo.

Na real, foi bem ridículo.

Mas depois daquilo ficamos um pouco mais animados.

Só faltava uma coisa.

Tive uma ideia.

Uma ideia inesperada.

Mas talvez servisse para salvar os Futebolíssimos.

33

Éramos nove na porta da escola, à luz da lua.
Esperando.
Tínhamos convocado o pacto dos Futebolíssimos.
Pela terceira vez desde o começo do ano letivo.
— Você ignorou todas as regras. A gente deveria te expulsar — falou Camunhas, muito zangado.
— Concordo com o Canela — disse Marilyn.
— Você concorda com tudo o que ele diz porque é namorada dele — provocou Toni.
— Sabe o que eu acharia melhor? Que você calasse a boca! — ameaçou Marilyn.

Ela estava irritada!

Toni começou a rir.

— Toni, tenha cuidado... — avisei.

— O quê? — replicou ele.

— Fica quieto, Toni! — exclamou Helena. — A gente devia ter feito isso há uma semana.

E, assim que ela disse isso, Toni parou de rir.

— E o que acontece se não vierem? — quis saber Tomás.

— E o que acontece se vierem fantasmas em vez deles? — emendou Aflito, tremendo.

Olhamos para ele.

— De que fantasmas vocês estão falando? — perguntei.

— Wao tem poderes, né? — continuou Aflito. — Com certeza, está sempre cercado por seis ou sete fantasmas que pegam os pênaltis, sopram as respostas nas provas de matemática e todas essas coisas...

Finalmente chegaram aqueles que estávamos esperando:

Os Pacheco.

Andrea e Pili.

Ortiz e Leguizamon.

E, por último, Deng Wao.

Os sete novos do time.

Quando estávamos todos juntos, eu me adiantei e comecei a falar:

— Viemos até aqui porque há alguns meses nós, os nove do time de futebol, fizemos um pacto e prometemos que sempre jogaríamos juntos, acontecesse o que acontecesse. Isso se chama pacto dos Futebolíssimos e ninguém mais sabe. Agora queremos que vocês se juntem ao pacto para que a gente seja um time de verdade.

— O que vocês acham? — perguntou Helena.

Os novos se entreolharam um pouco confusos.

— Foi pra isso que vocês chamaram a gente numa hora dessas? — indagou Andrea. — Eu não preciso fazer pacto com ninguém. Só quero jogar amanhã e marcar cinco gols naqueles metidinhos.

— Você tem uma língua... — disse Toni.

— A Andrea tá certa — afirmou Ortiz. — Desde que chegamos ao time vocês tentaram tirar a gente do caminho. E agora nos pedem ajuda. Isso não está certo.

— Mas, se perdermos, vocês também não vão participar do campeonato — argumentei.

— Se colocassem a gente, os sete novos, como titulares, com certeza ganharíamos — comentou Leguizamon.

— Você não quer mais nada — falou Toni.

— Não falei pra vocês? — interveio Camunhas. — Eles não vão colaborar, só pensam neles. Não vale a pena.

— Peraí — interrompeu Pili, que era a única que sorria. — Eu acho ótimo. Um time de futebol secreto! Os futeboleiros!

— Não, não, não. Os Futebolíssimos — corrigiu Tomás.

— Bom, é quase a mesma coisa — insistiu ela.

— Ai, meu Deus! — suspirou Aflito.

— Que confusão! — exclamou Toni. — Vamos ver como você arruma isso agora, Canela.

— Não preciso de pactos nem de segredos — disse Pacheco I — e também não sei o que estamos fazendo acordados tão tarde: temos um jogo amanhã de manhã.

— Você pode não precisar, mas o pacto dos Futebolíssimos é secreto — declarou Camunhas —, e se você contar pra alguém sobre isso...

— O quê?! — perguntaram os dois Pacheco, em tom de desafio.

— Bom... — continuou Camunhas. — É isso, não podem contar e ponto final.

Ele estava conseguindo exatamente o contrário do que eu estava tentando.

De repente, estávamos mais divididos do que nunca.

De um lado, os Futebolíssimos.

E, do outro, os novos, que não queriam saber nada da gente.

— Temos que ser um time de verdade — afirmou Helena.

— De novo, magrela? — zombou Ortiz. — Você se repete muito.

— Ei, não fale assim com minha amiga — irritou-se Marilyn. — Eu sou a capitã do time e te proíbo terminantemente de usar esse tom.

— Era só o que faltava — falou Andrea. — Agora também temos proibições.

— Bom, vamos embora? — propôs Leguizamon.

Mas aí alguém disse:

— Não!

Todos nós nos viramos.

E vimos no meio dos dois grupos o menor do time.

Deng Wao.

— Gente cidade tratar mal chineses.

— Olha, não estamos falando sobre chineses agora... — começou Camunhas.

— Deixa ele falar — interrompeu Helena.

Wao olhou para todos.

— Se vocês jogar em equipe juntos, eu, goleiro, defender tudo — garantiu, tranquilo.

— E o que significa jogarmos em equipe? — perguntou Andrea.

— Além disso, como sabemos que você vai defender tudo? — completou Toni.

Wao, como sempre, não se alterou.

— Pegar todas bolas. Vocês confiar — insistiu.

Disse isso de um jeito que parecia verdade.

Não sei como explicar.

Todos nós ficamos em silêncio.

Ninguém colocou em dúvida as palavras do Wao.

— Vocês prometer jogar em equipe — voltou a dizer.

— Sim, já entendemos. Mas o que significa exatamente jogar em equipe? — repetiu Andrea.

— Fácil — respondeu Wao. — Primeiro: todos prometer não contar a ninguém pacto Futebolíssimos. Segundo: veteranos ajudar novos a entrar em time. Terceiro: ninguém pensar no que acontecer depois do jogo. Só imaginar time até o jogo amanhã. É isso.

Dito dessa maneira, não era tão complicado.

— Aceito — falei.

E coloquei minha mão no centro.

Wao me olhou com estranheza.

— Mão que significar? — perguntou.

— Bom, a mão significa que agora todos colocam a mão por cima, o que quer dizer que estamos de acordo e estamos juntos nessa — expliquei. — Na China vocês não fazem esse negócio da mão?

Wao fez que não com a cabeça.

Então ele colocou a mão sobre a minha.

Helena e Marilyn fizeram o mesmo.

E Pili.

Anita e Oito.

Tomás.

Aflito.

Os Pacheco.

Leguizamon e Ortiz.

Andrea.

Até Toni se aproximou.

— Dá licença — falou e colocou a mão.

Só faltava Camunhas.

Olhei para ele.

Parecia ter dúvidas.

Sem emitir nenhum som, eu disse com os lábios:

— Por favor.

Ele fez não com a cabeça, como se aquilo lhe custasse muito.

— Vamos, Camunhas, não aguentamos mais! — exclamou Tomás.

Ele tinha razão. Estávamos muito apertados ali para poder juntar todas as mãos. Quase não cabíamos.

Camunhas deu dois passos.

E finalmente colocou a mão sobre as outras.

— Espero que isso sirva para alguma coisa — afirmou ele.

Lá estávamos os dezesseis, espremidos, juntos como se fôssemos um só.

Pela primeira vez.

— Os jogadores do Ibyss não têm ideia do que os espera amanhã — falou Marilyn, sorrindo.

34

Soavam as cornetas.
Rufavam os tambores.
Gritava o público.
O que estava acontecendo?
O time do Soto Alto entrou em campo.
Havia mais gente ali do que no Camp Nou e no Bernabéu juntos.
Talvez eu esteja exagerando um pouco, mas havia bastante gente, não cabia nem mais um alfinete.
A cidade inteira tinha ido assistir ao jogo.

Todos gritaram e aplaudiram quando entramos.

Como se não bastasse, começaram a bater com força... numas frigideiras enormes!

Sevilhota é famosa porque fazemos as melhores migas da região. Para quem não conhece esse prato, ele é feito de pão esmigalhado frito, alho e toucinho. Muitos levaram ao jogo as frigideiras em que preparam as migas. E agora batiam nelas fazendo um barulho estrondoso.

Pelo jeito, tinha sido ideia do pai do Camunhas.

— Nas férias vi que faziam isso em Benidorm com as panelas para preparar arroz à valenciana e pensei: "Não vamos deixar por menos" — exclamou.

E assim foi.

Ele convenceu um monte de mães e pais de alunos a levar suas frigideiras e bater nelas com vontade.

O pessoal do Ibyss parecia um pouco assustado com o espetáculo dos gritos e das frigideiras.

Até eu fiquei assustado.

— Essa da frigideira que berra sem parar é sua mãe? — perguntei para Marilyn.

— Sim — respondeu ela —, é a que está ao lado da mulher arrebentando duas frigideiras de tanto bater, ou seja, sua mãe.

Nós dois rimos.

Os fotógrafos e câmeras de tevê que cobriam o jogo se viraram para a arquibancada e registraram o pessoal batendo nas frigideiras.

Não sei se eu disse, mas eram tantas câmeras que aquilo parecia um jogo da Champions League.

O motivo era, evidentemente, Deng Wao.

Durante a semana, tinha crescido o rumor de que havia um menino chinês com superpoderes no time, e todo mundo queria confirmar.

Quando nós entramos em campo, os fotógrafos ficaram enlouquecidos.

Cercaram Deng Wao e tiraram fotos como se ele fosse um extraterrestre. Wao não conseguia se mexer.

Meu pai teve que ir até o campo para fazer um cordão de isolamento.

Cordão de isolamento é quando vários policiais cercam uma pessoa para protegê-la. Mas só meu pai estava ali. Então, não era bem um cordão; era um policial municipal gritando e segurando a mão de um menino.

— Senhores, senhoras, por favor, vamos nos comportar! — pediu meu pai.

Sebastião, que estava sentado na arquibancada, desceu até o campo para ajudar meu pai.

— Agora chega, é apenas um garoto! — falou.

Os dois conseguiram tirar Wao dali.

Enquanto isso, o barulho das frigideiras seguia intenso.

Quique batia a dele com uma colher gigante.

Tudo estava pronto para começar.

O time titular do Soto Alto era o seguinte:

Deng Wao, goleiro; Pacheco I e Pacheco II, zagueiros; Toni e Andrea, meios-campos; Ortiz e Canela, atacantes.

Cinco novos. Dois antigos. Mas ninguém fez cara feia ou qualquer comentário.

As instruções eram claras:

— Pressionar, roubar, chutar! Pressionar, roubar, chutar! — falou Alícia no vestiário.

— E digo mais uma coisa — acrescentou Felipe. — Pressionar, roubar e chutar. Ficou claro?

Ninguém disse nada.

— Ficou claro? — repetiu Felipe.

— Sim... — respondemos.

— Não estou ouvindo. Ficou claro? — disse de novo, dessa vez sorrindo.

— Siiiim!!!

— É a última chance de vocês — afirmou Alícia. — Vocês vão com tudo?

— Siiiim!!!

Pela primeira vez, o clima entre a gente tinha mudado. Os veteranos e os novos estavam unidos.

O árbitro apitou o início do jogo.

O Ibyss deu a saída.

Imediatamente, Ortiz e eu começamos a pressionar os zagueiros deles.

Enquanto isso, os Pacheco grudaram que nem carrapato no McArthur.

Toni e Andrea não deixavam nem um metro livre para os meios-campos deles.

Quando a bola chegou ao zagueiro direito, Ortiz e eu já estávamos em cima dele, sem dar opções de passe.

Na arquibancada, nossa torcida viu que o Ibyss estava com dificuldade, levantou-se e bateu as frigideiras com mais força ainda, para pressionar.

O lateral tentou lançar a bola, mas nós a roubamos.

Sem pensar, fui até o gol com a bola controlada.

Encarei o goleiro.

E, no último momento, quando todos esperavam que eu chutasse, passei a bola para trás.

Para Ortiz marcar com o gol vazio.

Soto Alto, 1. Ibyss, 0.

Não fazia nem um minuto que o jogo tinha começado.

— Não consigo respirar!

Os que estavam jogando pularam em cima de Ortiz.

O banco inteiro entrou para comemorar.

Até Deng Wao atravessou o campo para celebrar.

Os aplausos, os gritos e as batidas nas frigideiras ficaram mais fortes ainda.

— Ei, ainda faltam quatro gols, pessoal! — disse Felipe na linha lateral.

— Vamos, vamos! Nós podemos! — exclamou Alícia.

E então minha mãe, a do Camunhas, a da Marilyn e todas as outras começaram a gritar ao mesmo tempo:

— Nós podemos! Nós podemos! Nós podemos!

Em pouco tempo, todo o campo repetia:

– Nós podemos! Nós podemos! Nós podemos!

E dá-lhe frigideiras.

A treinadora Robinson deu uns gritos em inglês e os jogadores do Ibyss se prepararam para reiniciar a partida. Estavam muito sérios.

Depois do primeiro gol, por um instante pensei que continuaríamos marcando.

Pensei que logo o segundo viria. E o terceiro. E o quarto...

Pensei que a gente ganharia com uma supergoleada.

Mas logo percebi que a coisa não seria tão fácil assim.

Controlamos a bola nos dez primeiros minutos, pressionamos e quase não deixamos que eles se movimentassem.

Por pouco Andrea não marcou outro gol.

Toni também finalizou de cabeça muito perto da pequena área.

Mas depois da nossa avalanche inicial, que durou dez minutos, o Ibyss começou a jogar.

Parecia que o barulho das frigideiras já não os assustava tanto.

A treinadora Robinson se esgoelava na linha lateral, dando indicações em inglês sem parar.

— *Keep calm, keep calm.* Fiquem calmos, fiquem calmos — repetia, tocando a cabeça com a mão.

O goleiro deles, um loiro bem alto com braços muito compridos, de repente parecia ótimo.

Ele conseguiu defender todos os chutes que demos no primeiro tempo.

E, pouco a pouco, eles se aproximaram da nossa área.

Mas não criaram oportunidades claras de gol.

Os jornalistas que estavam atrás da rede do Wao para ver como ele fazia seus milagres pareciam desapontados.

Nenhum chute a gol em todo o primeiro tempo.

Nenhuma defesa.

Nada.

Exatamente no último minuto do primeiro tempo, Andrea fez uma ótima jogada: driblou dois jogadores do Ibyss, foi à linha de fundo e cruzou.

Então eu apareci. Sem deixar a bola parar, chutei no segundo pau.

Vi como a bola saiu disparada.

Naquele momento, me lembrei das palavras do Sebastião: "Você vai marcar um gol decisivo".

A bola voou na direção do gol.

O goleiro loiro já não podia pegá-la.

Na arquibancada, as pessoas levantaram para comemorar o gol.

Mas, no último segundo, a bola bateu na trave e saiu.

Ouviu-se um "ooooooooooooooooooh" em todo o campo.

Eu me virei e vi Sebastião sentado no meio do público. Olhei para ele como se dissesse: "E o meu gol?". Mas ele não se mexeu.

Assim, chegamos ao intervalo.

Ganhando de 1 a 0.

Não importavam as frigideiras nem a avalanche; não havia como fazer outro gol.

Minha mãe saiu da arquibancada e me abraçou com muita vontade.

— Vamos, Canela, já ganhamos.

Enquanto ela me abraçava, olhei para meu pai, que conversava com o pai do Camunhas.

— O que aconteceu com você? — perguntou ele, apontando para Quique, que estava com a mão enfaixada.

— Eu me cortei outro dia — respondeu o pai do Camunhas, sem dar importância.

— Com um vidro? — quis saber meu pai.

— Na oficina da prisão — explicou Quique, diminuindo o tom de voz para que não o ouvissem.

— Você precisa ter cuidado com essas coisas — aconselhou meu pai.

E não ouvi mais nada, porque tive que entrar no vestiário com o resto do time.

No intervalo, Alícia e Felipe fizeram duas substituições. Pili entraria no lugar do Pacheco II, e Leguizamon, no do Toni.

— Temos que atacar com tudo. Não tem outro jeito — afirmou Felipe.

— É impossível — resmungou Aflito. — A gente não vai conseguir.

— São quatro gols em trinta minutos. Claro que vamos conseguir — retrucou Helena.

— Estamos fazendo um jogão, de verdade. Vocês precisam continuar assim — disse Alícia.

Toni, num canto do vestiário, deu um soco na porta do seu armário. Todos nós olhamos para ele. Não parecia muito contente por ter sido substituído.

— O que vocês estão olhando? — perguntou.

Ninguém respondeu.

A gente tinha que esquecer tudo e jogar.

O segundo tempo foi uma avalanche do Soto Alto.

Fico incomodado em dizer, mas teve muito a ver com o fato de seis dos sete jogadores que estavam no campo serem novos.

Pili ia e vinha pela lateral a toda a velocidade, fazendo cruzamentos milimétricos.

Pacheco, o único zagueiro que ficou, parecia três em um, de tão rápido que chegava às bolas cruzadas.

Andrea, que passou a ter mais liberdade porque Toni não estava jogando, movimentava o time como se fosse a regente de uma orquestra.

Ortiz, Leguizamon e eu bombardeávamos o Ibyss toda hora.

Mas eles aguentavam atrás, bem organizados.

A treinadora Robinson continuava gritando ao lado do campo, dando ordens, e se inclinava muito para a frente, como já tínhamos visto ela fazer outras vezes.

Quase caía. Mas sempre recuperava a posição quando parecia impossível.

O tempo avançava.

E continuávamos sem marcar.

Então veio a jogada que mudou a partida.

37

O quase gol abateu o Ibyss.

Por um instante, eles se viram fora de perigo.

No entanto, agora a gente tinha uma oportunidade, por menor que fosse.

— Nós podemos! Nós podemos! Nós podemos! — continuava gritando o público, cada vez mais entusiasmado.

Wao recolocou a bola em jogo com um longo chute.

Tão longo que a bola cruzou todo o campo, de um gol ao outro.

Na última rebatida, como por magia, ela deu um pulo e disparou com tudo na direção do gol do Ibyss.

O goleiro loiro espalmou como pôde.

Mas Pacheco, muito atento, se jogou de peixinho e finalizou de cabeça.

Com toda a força.

O loiro viu a bola passar na frente dele.

E entrar no gol.

Sem poder fazer nada.

GOOOOOL!

Do Pacheco.

2 a 0!!!

O público batia nas frigideiras, soprava as cornetas e gritava com mais vontade ainda.

— Nós podemos! Nós podemos! Nós podemos! — berravam todos, liderados por minha mãe e pela do Camunhas.

Faltavam cinco minutos, mais os acréscimos.

Todos os torcedores do Ibyss, na arquibancada, estavam mudos.

Até as líderes de torcida oficiais, as Forivyss, não diziam nada nem se mexiam.

Quando McArthur foi dar a saída, Ortiz olhou para ele e falou:

— Olha, ele tá tremendo.

— O que você tá dizendo? — protestou McArthur.

Mas na arquibancada todos passaram a gritar:

— O Ibyss tá tremendo! O Ibyss tá tremendo!

Alícia e Felipe saíram do banco e começaram a nos incentivar.

— Vamos, pessoal, somos um time! — berrou Felipe.

Eu me virei e vi que Sebastião estava atrás do banco, observando tudo.

O Ibyss deu a saída e jogou a bola para trás.

Leguizamon e eu fomos a toda a velocidade na direção do zagueiro que tinha recebido a bola. E Ortiz foi cobrir a linha de passe do zagueiro mais próximo.

Entre nossa pressão, os nervos e a gritaria das pessoas, o zagueiro ficou completamente perdido.

— Chuta pra fora, pra fora! — mandou a treinadora Robinson, pulando como doida.

O zagueiro girou sobre si mesmo e mandou a bola para fora, seguindo as ordens da treinadora.

O público comemorou com mais gritos, mais risadas e mais pancadas nas frigideiras.

Pacheco cobrou o lateral com toda a força, e aquilo pareceu mais um escanteio do que um arremesso lateral, porque a bola quase chegou à marca do pênalti.

Foi como uma colisão entre trens. Dois jogadores do Ibyss acabaram caindo de costas, e a bola ficou sem dono.

Lá estava Leguizamon.

Era o momento dele.

Entrou como uma locomotiva e chutou com tudo.
A bola quase furou a rede quando entrou, bem no ângulo.
E ficou presa ali.
3 a 0!
Estávamos muito perto.
Os pais do Camunhas, os meus e todos os outros pais e mães ficaram de pé e parecia que iam invadir o campo de tanta emoção.
Eu corria como um louco sem saber o que fazer.
Tínhamos que marcar logo.
Faltava um minuto.
Sessenta segundos.
Ortiz se atirou desesperadamente para pegar a bola, que ainda estava dentro do gol.
O Ibyss não tinha pressa para reiniciar o jogo. Queria gastar o tempo.
Ortiz e o goleiro loiro disputaram a bola e acabaram se empurrando.
Em questão de segundos, todos os jogadores das duas equipes estavam na pequena área do Ibyss, se empurrando e discutindo.
Pacheco foi o primeiro a chegar para defender Ortiz, e os dois se envolveram com os zagueiros do Ibyss.
— Ei, ei, não toca em mim!
— Não toca em mim você!
Todos estavam muito alterados.
Fui correndo até lá para tentar separá-los.

— Espera aí, calma, por favor — falei, imitando o que meu pai costuma dizer quando separa pessoas que estão brigando. Mas eles não me deram a menor atenção. Até que Alícia chegou e pegou Pacheco e Ortiz pelos braços.

— Vamos parar com isso? — disse ela, muito séria. — Ganhando ou perdendo, o espírito esportivo é o mais importante...

— Além disso, vocês não percebem que desse jeito perdemos mais tempo ainda? — acrescentou Felipe.

— Isso também — concordou Alícia.

Depois do bate-boca, finalmente o jogo prosseguiu. As pessoas gritavam na arquibancada, se esgoelavam.

Era tanto barulho que não ouvíamos nada no campo.

— Vamos, vamos, ainda dá tempo! — gritou Alícia.

— Que pena... Vamos nadar e morrer na praia — suspirou meu pai.

— Emílio, por favor, eu te imploro — disse minha mãe, que também começou a gritar.

Aflito, Toni, Tomás, Helena, Marilyn, Camunhas, Anita e Oito, no banco, estavam de pé, incentivando.

Ao ver meus amigos ali, senti um nó no estômago.

É verdade que agora éramos todos da mesma equipe, os novos e os veteranos.

E, além disso, todos nós tínhamos feito o pacto dos Futebolíssimos juntos.

Mesmo assim, não consigo explicar isso. Ver Helena, Toni e os outros no banco enquanto a gente jogava os últimos momentos da partida me deixou muito mal.

Eu era o único dos veteranos em campo.
Tinha que marcar um gol.
Por eles. Pelos Futebolíssimos.
A partida continuava.
Não havia mais tempo.
Felipe e Alícia fizeram um gesto para Wao.

— Para a frente, Deng Wao, para o ataque! — mandou Felipe.

Todos nós tínhamos que avançar. Até mesmo o goleiro.
Era nosso último ataque.

As câmeras e os jornalistas se levantaram, esperando pelo tão esperado milagre do garoto chinês.

Tá certo que ele tinha feito uma defesa impossível com o traseiro.

E que tinha dado um passe a gol lançando da sua posição de goleiro.

Mas eles esperavam muito mais.
Esperavam um verdadeiro milagre.
Por alguma razão, eles o chamavam de goleiro fantasma.
Faltavam apenas alguns segundos.

Assim que a treinadora Robinson viu Wao indo ao ataque, começou a gesticular para McArthur.

— *Back, back, back*! Para trás, vamos defender!

McArthur obedeceu na hora e se posicionou entre os zagueiros.

Tínhamos um jogador de linha a mais e todos os torcedores berravam tanto e faziam tanto barulho que íamos na direção do gol do Ibyss como um exército invencível.

O próprio Wao recebeu a bola, levantou os olhos e deu um passe pela lateral para Pili, que cruzou a bola na direção do primeiro pau.

Entrei por ali como um raio.

Dominei a bola de primeira, com o peito do pé, no ar.

Ela ia direto para o gol...

Mas então o goleiro loiro desviou o chute, e a bola tocou na forquilha e voltou.

O árbitro se virou para os bancos.

— Falta meio minuto — disse, porque não tínhamos placar eletrônico.

Como ele estava de costas para o jogo, não percebeu que a bola estava indo na sua direção e não conseguiu se esquivar dela.

A bola bateu nas costas dele e ficou ali, pulando.

Então, alguém a chutou de voleio, com o lado de fora da chuteira, e a bola saiu como um foguete.

Rente ao chão.

E aconteceu uma coisa incrível.

A bola passou por baixo das pernas do árbitro.

E por baixo das pernas do Leguizamon.

Também pelas do zagueiro central do Ibyss.

E pelas do McArthur...

E, finalmente, pelas do goleiro loiro...

... para entrar no gol.

A bola tinha acabado de passar por baixo das pernas de cinco pessoas!

E de quem tinha sido o chute?
Do goleiro do Soto Alto.
De Deng Wao.

Deng Wao estava voando.
Parecia riscar o céu.
Subia e descia.
Não tinha feito nenhum milagre exatamente.
Mas havia marcado um gol nunca visto.
E, pra completar, no último segundo do jogo.
Todos os jogadores e os treinadores o jogavam para cima.
Era por isso que ele subia e descia, voando.
Meus pais e os do Camunhas gritavam como loucos, abraçando todo mundo. Os pais da Marilyn também.
E todos os pais, mães e amigos do Soto Alto que estavam ali, e eram muitos.
Em poucos segundos, o campo estava invadido, com nossos pais jogando os filhos para cima e dando beijos na gente.

Meu pai, transtornado por tudo aquilo, decidiu ficar ali, só observando.

— Que absurdo! — dizia.

Aqueles que não invadiram o campo comemoravam na arquibancada.

As pessoas não paravam de gritar e pular.

Até que alguém falou pelo sistema de alto-falantes:

— Um momento, por favor! O jogo ainda não acabou!

Todo mundo se virou para a parte de cima da arquibancada. Lá estava um homem muito alto com cabelos grisalhos: o diretor do Ibyss.

E então a verdadeira confusão começou.

Todos ficaram em silêncio, olhando para cima.

Estevão parecia nervoso. Olhou para o diretor do Ibyss e para Jerônimo Florente, presidente da Federação de Futebol 7, que tinha assistido ao jogo ao seu lado.

— E agora? O que faremos? — perguntou Estevão.

Ninguém respondeu.

Os dois jogos terminaram 4 a 0.

Nada tinha sido previsto para uma situação daquelas.

Quem ia imaginar que aquilo poderia acontecer?

Não sabiam o que fazer.

Prorrogação?

Pênaltis?

Cara ou coroa?

— Acho que o melhor é deixar tudo como está — sugeriu Estevão.

— Nada disso — falou o diretor do Ibyss. — Precisamos resolver.

— Melhor cancelar a aposta. Fica como se não tivesse acontecido nada — acrescentou Estevão.

Cada vez que falavam alguma coisa, as pessoas murmuravam e diziam:

— Sim, é verdade!

— Não, de jeito nenhum!

Parecia um debate de tevê, mas ao vivo.

O diretor do Ibyss disse:

— Um dos dois fica fora do campeonato. Esse foi o acordo.

— Sim, sim — insistiu Estevão —, mas ninguém perdeu e ninguém ganhou, por isso... o Soto Alto fica com a vaga no Campeonato Interescolar, e vocês terão que esperar um ano ou que novas vagas sejam criadas.

Então o diretor do Ibyss, muito sério, olhou para Jerônimo Florente.

— Você é testemunha de que o Soto Alto se retira e não quer ir adiante com o acordo que fizemos — falou. — Nessas condições, acho que não será admitido no campeonato...

— Bem, eu... — começou Florente.

— Espere um pouco — interrompeu Estevão. — Não vamos nos retirar. Além disso, não houve acordo algum. Nós fizemos uma aposta em duas partidas e foi exatamente isso que jogamos. Foi uma experiência muito bonita e interessante, mas acabou.

— Lembrem que o período de inscrição para o campeonato termina na segunda-feira — falou Florente. — É a única coisa que posso dizer.

— Bem, não se preocupe — afirmou Estevão. — Estarei lá de manhã bem cedo com toda a documentação.

Estevão queria sair correndo o mais rápido possível.

Mas o diretor do Ibyss gritou:

— Eu dobro a aposta!

Estevão virou-se e disse:

— Sinto muito, não aposto mais. Acabou.

O diretor do Ibyss mexeu no cabelo grisalho e propôs:

— Uma partida de desempate em campo neutro. Se ganharmos, ficaremos com a vaga no campeonato. Se ganharem, vocês jogarão o campeonato... e poderão usar a piscina olímpica do Ibyss gratuitamente durante um ano. Todos os dias, todos os alunos.

Estevão empalideceu.

A piscina olímpica!

Aquecida!

Um ano inteiro grátis!

Para todos os alunos do Soto Alto!

Um burburinho percorreu o lugar.

Estevão pigarreou.

— Uma partida só? — perguntou.

— Exatamente — confirmou o diretor do Ibyss. — Amanhã,

domingo. É o certo. Não podemos deixar isso assim. Além disso, vocês têm um timaço, não é?

— Podemos ganhar! — falou Felipe.

— Felipe! — exclamou Alícia.

— O que foi? É verdade — insistiu nosso treinador. — Você viu hoje: somos muito melhores.

Estevão parecia muito nervoso.

A oferta era tentadora.

Além disso, na real, seria muito esquisito deixar a coisa daquele jeito.

O mais justo era uma partida de desempate.

E tínhamos demonstrado que, com os novos jogadores, éramos uma grande equipe.

Mesmo assim, pensei: "Não, não, não, não".

Naquele momento, eu não me importava com a justiça, nem com a piscina olímpica. Eu só queria que a gente participasse do campeonato.

— Amanhã, você disse? — perguntou Estevão.

— Sim — respondeu o homem. — Temos que resolver isso antes de segunda-feira.

Jerônimo Florente, que estava entre os dois, interveio:

— Faça o que quiser, Estevão, mas parece uma boa oportunidade para todos. É o justo. Além disso, são duas escolas muito importantes para o campeonato: o Soto Alto participa há muitos anos, e o Ibyss acaba de chegar, mas está fazendo investimentos muito importantes. Não me obriguem a decidir. O melhor é resolver tudo no campo de futebol.

Estevão havia prometido não apostar mais.

— Ai, ai, ai... — falou. — O que eu faço?

— Aperte minha mão e aceite jogar essa partida de desempate — afirmou o diretor do Ibyss.

E, finalmente, ele pegou a mão de Estevão e a apertou, na frente de todo mundo.

Depois disse:

— Amanhã ao meio-dia em ponto, na praça da cidade, o jogo de desempate: Ibyss contra Soto Alto.

Todos começaram a gritar.

Estevão comentou:

— Vamos massacrá-los e ficar com a piscina durante o ano todo e...

Mas já não dava para ouvi-lo.

Porque todos gritavam. Alguns estavam a favor, e outros, contra. Uma grande bagunça.

O fato é que no dia seguinte teríamos a partida decisiva.

No domingo ao meio-dia em ponto.

Na saída da escola, o assunto era o jogo do dia seguinte, todos falavam que éramos muito melhores e que Wao talvez não tivesse poderes mágicos, mas era um jogador incrível...

E sobre tudo o que tinha acontecido durante o jogo.

Mas eu só pensava numa coisa.

Enquanto a gente se despedia, vi Helena sair do vestiário com Toni... de mãos dadas.

Peraí.

Toni e Helena de mãos dadas!

Na frente de todo mundo!

Não estavam com vergonha?

Em que estariam pensando?

Fiquei ali paralisado.

Enquanto os outros falavam de futebol, do Ibyss e da piscina, eu estava completamente imóvel, com o olhar fixo nas mãos dos dois.

Ninguém mais tinha percebido aquilo?

Estavam cegos?

Mas outra pessoa havia notado.

Marilyn estava ao meu lado, me observando.

Ela olhou para Toni e Helena de mãos dadas e depois para mim.

E então ela falou:

— Você ainda gosta da Helena?

Disse isso gritando.

Na frente de todo mundo.

E, no caso de alguém não ter ouvido, repetiu:

— Você ainda gosta da Helena?

Eu queria morrer ali mesmo. Acho que fiquei vermelho, azul e amarelo ao mesmo tempo.

— Não, não, não... — tentei dizer.

Ouvi as risadas de todos que estavam ali.

Toni sorria de orelha a orelha.

Já não estava mais de mãos dadas com Helena. Tinham soltado.

Ela também olhou para mim, muito surpresa.

Marilyn saiu correndo.

Eu não sabia o que fazer.
Então eu também saí correndo.
Atrás da Marilyn.
Ela corre muito.
Não foi fácil alcançá-la.
Corri por várias ruas atrás da Marilyn como um bobo.
Gritando para ela.
Pedindo que me esperasse.
Sem saber muito bem o que faria se a alcançasse.
Até que, ao virar uma esquina, dei de cara com ela.
Marilyn me olhou muito brava.

— Você ainda gosta da Helena, né? — falou. — Que boba eu sou... Eu sou muito boba mesmo.

— Marilyn, sinto muito...

— Por que você fez tudo isso? Por que a história do beijo, por que me acompanhar até a minha casa, as aulas...? — perguntou.

Então eu contei.
Finalmente.

— Foi uma aposta. Com Camunhas. O beijo foi uma aposta — confessei.

Marilyn arregalou os olhos.

— Uma aposta? Tudo isso foi uma aposta? — exclamou.

Em vez de consertar as coisas, eu estava piorando.

— Eu não tinha que beijar você. Tinha que beijar qualquer garota. E como você estava ali... Foi você por acaso... poderia ter sido qualquer uma. Me desculpe, não é nada pessoal...

— Não é nada pessoal? Você me dá um beijo na frente de todo mundo e não é nada pessoal? Canela, posso saber o que tá acontecendo com você?

Era uma boa pergunta.

O que estava acontecendo comigo?

Por que tinha feito uma aposta tão absurda?

E por que tinha beijado Marilyn e não Helena, se é da Helena que eu realmente gosto?

Que difícil...

— Tentei dizer isso pra ela várias vezes, mas não consegui — quis explicar.

A cada coisa que eu dizia, Marilyn ia arregalando cada vez mais os olhos e ficando mais irritada.

Ela apertou muito os punhos.

Pensei que a qualquer momento ela ia me dar um tapa.

Mas então alguém apareceu.

Camunhas.

— Você me seguiu? — perguntei.

— Você seguiu a Marilyn e eu te segui. Não posso? — disse Camunhas.

— O que você tá fazendo aqui? — perguntou Marilyn. — Veio fazer outra aposta?

Camunhas olhou para mim.

— Você contou pra ela. Tinha que contar...

— Um pouco, sim.

Marilyn olhou para nós dois.

— Não fale comigo nunca mais — disse ela.

— Mas... — tentei dizer.
— Mas coisa nenhuma — cortou ela e apontou para Camunhas. — E você... você é o pior...
E deu um empurrão nele.
Isso mesmo. Ela deu um empurrão no Camunhas!

Depois, Marilyn se virou e foi embora.
Tinha motivos para ficar brava.
Por isso, não fui atrás dela.
— Você ficou aí na boa — reclamou Camunhas.
Eu dei de ombros e disse:
— Desculpe.
— Você prometeu que não ia contar — insistiu.
— Foi uma aposta absurda — falei.
— Ninguém te obrigou — replicou.
Nisso ele tinha razão.
— Além disso, eu pensava que você ia beijar a Helena. A Helena, não a Marilyn! — exclamou Camunhas. — E agora ela me deu um empurrão e não fala comigo. Mais uma vez você tinha que estragar tudo. Estou cheio de você!
— O que aconteceu? Por que você se importa tanto pela Marilyn ter ficado brava? Vocês sempre se deram mal!
— Isso é problema meu!
Olhei fixamente para ele.
E então percebi.
Como não tinha me dado conta durante todo esse tempo?
— Peraí, peraí, Camunhas... Você gosta da Marilyn? — perguntei, muito surpreso.
Camunhas não disse nada.
Então era isso que acontecia com Camunhas, o que mais o machucava!
Mais do que o empurrão e mais do que qualquer outra coisa!

Mais do que Deng Wao, mais do que eu ter votado contra ele, mais do que ter suspeitado dele por causa da vitrine!

O que o machucava desde o início era que ele gostava da Marilyn.

E ficou incomodado pelo beijo que eu dei nela e por passarmos tanto tempo juntos.

— Por que você não me falou antes? — perguntei.

— Agora não importa mais. Ela vai ficar com raiva de mim para sempre. Além disso, ela não gosta de mim. Sou o goleiro reserva. Meu pai tá na cadeia. Tudo dá errado comigo!

— Vamos, Camunhas, não fique assim. Você tá parecendo o Aflito... — disse eu, tentando animá-lo.

Mas Camunhas me empurrou e falou:

— Me deixa em paz.

E foi embora também.

Fiquei sozinho no meio da rua.

O que eu podia fazer?

Então ouvi uma voz atrás de mim:

— Você está perdido, Canela?

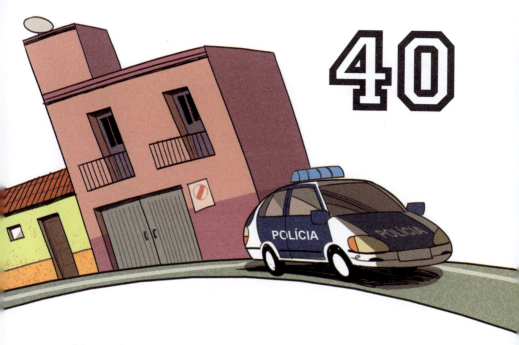

40

Meu pai estava dentro do carro de polícia.

Olhando para mim com a janela aberta.

— O que você está fazendo aí parado, sozinho? — perguntou. — Está perdido?

Em certo sentido, eu estava perdido, sim.

Então eu pedi a ele:

— Posso pegar uma carona com você?

Entrei no carro e fomos dar uma volta.

Fazer a ronda pela cidade.

Depois meu pai parou o carro sobre uma ponte que passa sobre os trilhos do trem.

Ele tem um hábito quando está patrulhando: para sobre a ponte, liga o rádio do carro para ouvir música e vê o trem passar por baixo.

— Sua mãe sabe que está aqui? — perguntou.

Mesmo que meu pai seja policial, acho que ele tem mais medo da minha mãe do que de todos os criminosos da região juntos.

Fiz que não com a cabeça e ele deu um sorriso irônico.

— Então vamos levar uma bronca — afirmou.

Ficamos ali por um tempo.

Até que finalmente o trem passou por baixo de nós a toda a velocidade.

Fez um barulhão.

Então eu me virei para ele.

— Como você se saía com as meninas, pai?

Ele pigarreou. Não esperava uma pergunta dessas. Achei que estava um pouco corado.

— O que você está dizendo, Francisco... Sei lá... Não me saía muito bem, nem muito mal... Na minha época era diferente: não tínhamos celulares, mensagens de texto, nada disso... Se você gostasse de uma garota, tinha que ir ao parque ou a algum outro lugar para dizer isso na frente dela.

— Ah, tá — falei. — Mas você teve muitas namoradas antes da mamãe?

— Nem muitas, nem poucas. O normal — respondeu, um pouco confuso. — Por que você perguntou isso de repente?

— Por nada — falei.

E então acrescentei:

— Talvez eu esteja gostando de uma menina da escola. Não tenho certeza...

— Isso é bom. Você vai saber o que fazer.

— Mas é que eu me saio muito mal com as meninas e pensei que talvez isso seja algo de família. Me diga a verdade: você se saía muito mal com elas?

Meu pai ficou em silêncio por um bom tempo.

— Hummmmmmm... Eu não era exatamente o maior namorador da escola — confessou ele.

— Eu sabia! Você era um bobão, como eu! — exclamei. — Herdei isso de você.

Ele riu.

— E você ainda dá risada? — perguntei.

— Claro que sim. Você vai ver como no fim tudo se ajeita — disse ele.

E ligou o motor.

— Vamos comprar algum coisa para o jantar? — sugeriu. — Amanhã vocês têm o jogo decisivo. Você precisa jantar e dormir cedo.

Então fomos ao supermercado.

Fizemos as compras.

E fomos para casa.

No caminho de volta, passamos na frente da agência dos Deng.

A vitrine nova ainda estava com os adesivos do vidraceiro grudados.

— Você vai encontrar quem fez isso, pai? — perguntei.

— Vou tentar, mas nunca se pode ter cem por cento de certeza. É como você com os gols. Pode me garantir que vai marcar amanhã?

— Não, mas vou tentar.

— Comigo é a mesma coisa: vou tentar.

Pensei que era hora de contar para ele o que eu sabia.

— Na noite em que quebraram a vitrine, a gente foi na antiga fábrica de tijolos. Não te falei antes porque pensei que não era importante.

Meu pai olhou para mim muito sério.

— A gente quem?

— Bom, meus amigos e eu...

E contei tudo para ele: que o pai do Camunhas tinha chegado tarde naquela noite, que tínhamos discutido por causa da família do Wao e tudo o mais.

Ainda estávamos dentro do carro.

— Camunhas disse que o pai dele chegou tarde naquela noite? — perguntou meu pai.

— Às duas ou três horas, eu acho — respondi.

Meu pai franziu a testa e coçou o queixo, como ele sempre faz quando começa a pensar. Então o celular dele tocou.

Ele atendeu:

— Sim... sim... sim... Tudo bem... Vou pra lá.

E desligou.

— Canela, leve as compras para casa, por favor, e diga pra sua mãe que eu vou demorar um pouco — pediu ele. — Aconteceu alguma coisa.

Na noite anterior à final, aconteceram muitas coisas.

Eu estava virando na cama, pensando no gol que tentaria marcar no dia seguinte.

Naquele momento, ouvi um barulho lá fora, na rua.

Como era sábado à noite, pensei que fosse alguém que tinha saído para tomar algo e estava voltando para casa.

Mas não.

Eu continuava ouvindo um ruído bem debaixo da minha janela.

Eu me levantei e olhei.

E então o vi: ali na rua, olhando para minha janela, estava Deng Wao.

Abri a janela e perguntei:

— O que você tá fazendo aí? É muito tarde.

Wao não me respondeu.

— Aconteceu alguma coisa? — insisti.

Ele não disse nada.

Só estava ali no meio.

Inexpressivo.

— Você tá bem, Wao?

Então ele me olhou lá de baixo e falou:

— Na cidade pessoas querer chineses ir embora.

— Não, não, eu não quero... e tem muita gente que não quer também...

Mas acho que Wao não estava me ouvindo.

— Não querer trair Futebolíssimos.

— Trair? Por quê? Quem?

Wao encolheu os ombros.

— Todos.

— Como assim? Do que você tá falando?

— Amanhã você saber. Você lembrar: eu nunca trair.

E foi andando pela rua.

— Wao, espere!

Mas ele não se virou mais. Continuou andando até desaparecer na esquina.

Trair os Futebolíssimos?

O que significava aquilo?

Naquele momento, o carro do meu pai atravessou a rua e parou na porta da nossa casa.

Minha mãe foi recebê-lo.

— Que triste — disse ele.

— Já estou sabendo — respondeu ela.

E se abraçaram.

— Espero que nunca aconteça algo assim com a gente — falou meu pai.

Mas, afinal, o que estava acontecendo com todo mundo naquela noite?

Ninguém podia falar um pouco mais claro?

Eu não estava entendendo nada...

— Ela está bem? — perguntou minha mãe.

Então meu pai balançou a cabeça como se dissesse: "Mais ou menos".

Depois entraram em casa.

Fiquei com vontade de saber mais.

E a noite não acabou aí.

Outra coisa aconteceu.

Quando voltei para a cama, vi que a tela do meu celular se iluminou.

Tinha recebido uma mensagem.

Às duas e meia da manhã!

Peguei o aparelho.

Na tela, estava escrito:

"Você tem uma nova mensagem de...".

Uma pessoa desconhecida me escrevia de madrugada?

Abri a mensagem e li:

"Canela, por favor, você precisa convencer seu pai de que sou inocente. Quique".

Eu não estava acreditando!

O pai do Camunhas tinha escrito para mim.

E o que eu podia fazer ou dizer para ajudá-lo?

Além disso, como eu podia saber se ele era inocente?

Em resumo:

Wao apareceu de repente debaixo da minha janela.

Meus pais falaram sobre algo que tinha acontecido e eu não sabia o que era.

O pai do meu melhor amigo me pediu ajuda.

Pensei em tudo aquilo.

E decidi fazer a única coisa que conseguia fazer naquela situação.

Voltei para a cama e dormi. No dia seguinte tinha que jogar uma partida muito importante.

42

A manchete ocupava a tela inteira da tevê:

"Sebastião Aulon, preso por sonegar impostos".

A apresentadora do jornal, que parecia estar se divertindo, disse:

— O famoso inventor do termo *fantacientífico* foi preso em sua cidade natal, Sevilhota, onde aparentemente estava acompanhando um dos seus famosos casos de pessoas com poderes sobrenaturais.

Então mostraram imagens de Sebastião no jardim da casa de Alícia e Felipe, enquanto o prendiam na noite anterior.

— A própria filha o denunciou — continuou a apresentadora. — Segundo seu depoimento, ela descobriu que, na realidade, seu pai havia voltado para casa depois de muitos anos para tirar o pouco dinheiro que ela possuía e pagar o que ele devia.

Eu quase engasguei com o leite que estava bebendo ao ouvir aquilo.

Alícia tinha denunciado Sebastião por tentar roubá-la!

Minha mãe entrou na cozinha e desligou a tevê.

— Chega de bobagens — disse ela. — Isso não é coisa para crianças.

— Era sobre isso que você e o papai estavam falando ontem à noite! — exclamei.

— Ah, quer dizer que agora você fica espionando a gente! — falou ela.

— Desculpe, mas vocês estavam conversando bem debaixo da minha janela — protestei. — Não acho que isso seja espionar vocês.

E logo acrescentei:

— Mas, então, Sebastião vai embora sem resolver o caso do Wao?

— É o que parece, filho — respondeu minha mãe. — E, se você quer saber minha opinião, é muito melhor que ele deixe Deng Wao viver em paz.

— E é verdade isso que disseram na tevê, que ele deve dinheiro e estava tentando pegar o da Alícia? — perguntei.

— Não sei e não quero saber.

— Mas a Alícia denunciou...

— Bobagem — falou minha mãe, encerrando a conversa.
— E agora termine o café da manhã. Você precisa se preparar para o jogo.

Meu irmão, Victor, passou por ali e, como saudação matinal, me deu um cascudo.

— E aí, pirralho? Como vão suas namoradas?

E começou a rir.

Victor acha que é o cara mais engraçado do mundo ou algo assim.

Um dia, as coisas vão mudar e eu é que vou dar uns cascudos nele.

Um dia.

Então, meu pai desceu as escadas correndo.

— Aonde vai, Emílio? — perguntou minha mãe.

— Para a agência de viagens — respondeu meu pai sem parar.

— O que aconteceu agora?

— Quebraram a vitrine de novo — disse ele.

E saiu correndo.

Tinham quebrado a vitrine da agência dos Deng de novo?

Outra vez?

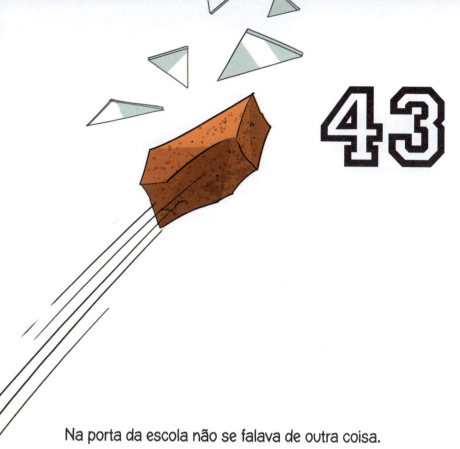

Na porta da escola não se falava de outra coisa.

Todo mundo sabia o que tinha acontecido na agência de viagens.

— Que pena... — lamentou Helena.

— É — concordei, olhando para ela. — Coitado do Wao.

O time quase inteiro esperava o ônibus para ir à praça jogar a partida.

Marilyn também estava lá, mas não falava comigo nem olhava para mim.

— Você sabe quem foi dessa vez? — perguntou Toni, olhando para Camunhas.

— Como assim?

— Não sei — disse Toni —, talvez você tenha alguma ideia.

Naquela altura, acho que todo mundo na cidade suspeitava do pai do Camunhas.

— Não sei o que você tá querendo dizer — respondeu Camunhas.

— Tá na cara — insistiu Toni.

E ambos se encararam, como nos duelos do Velho Oeste.

— Se vocês querem brigar, é melhor esperar o jogo — sugeriu Tomás —, porque com certeza o Ibyss preparou alguma coisa pra nós.

Tomás tinha razão.

O Ibyss tinha preparado uma coisa grande.

Mas não era o que ele estava imaginando.

Era muito pior.

— E quando os outros vão chegar? — quis saber Anita.

— Boa pergunta — emendou Oito. — Eles se perderam?

Lá estávamos os nove de sempre:

Helena, Marilyn, Anita, Camunhas, Tomás, Aflito, Oito, Toni e eu.

Faltavam todos os novos.

E nossos dois treinadores.

— Talvez eles não venham mesmo — suspirou Aflito, como sempre.

— Mas como eles não vão vir? — exclamou Marilyn. — Na boa, Aflito, às vezes você diz cada absurdo!

Marilyn parecia muito irritada. Talvez não estivesse brava com Aflito, mas descontava nele.

Finalmente chegou alguém: Estevão, o diretor da escola.

— Oi, turma — cumprimentou.
Ele falou isso com uma cara que não anunciava nada de bom.
— Por que você tá com essa cara, Estevão? — perguntou Helena.
— Bom... — começou ele. — É que aconteceram umas coisinhas...
— Não falei? — soltou Aflito imediatamente.
— Fica quieto! — dissemos ao mesmo tempo.
Olhamos para Estevão.
— Vamos ver — falou o diretor. — Como não temos muito tempo, vou direto ao assunto. Eu não sei se vocês viram as notícias, mas prenderam o pai da Alícia...
— Sebastião Aulon, o fantacientista delinquente — interrompeu Tomás.
— Suposto delinquente — corrigiu Estevão.
— Ah, tá, eles o prenderam por mentir para não pagar impostos — retrucou Toni.
— Mais ou menos — disse Estevão. — O fato é que Alícia e Felipe estão muito tristes e, claro, nessas circunstâncias, eles não virão hoje.
— Como é?!
— Não temos treinadores?!
— Mas como vamos jogar sem treinador?!
— Não entrem em pânico — pediu Estevão. — No último jogo do campeonato aconteceu algo parecido e resolvemos a situação muito bem com Joana, a mãe do Canela.

— Minha mãe será a treinadora? — perguntei, assustado.

— Não é por nada, Canela — falou Anita —, mas, da outra vez que sua mãe foi treinadora, Felipe e Alícia estavam atrás do banco passando as instruções pra ela...

— Bom, bom... Achamos que Joana está perfeitamente capacitada — afirmou Estevão, muito sério. — Nós já conversamos e ela está indo para a praça.

— Muito bem. Não temos treinadores. E o que mais? — quis saber Toni.

— Outro pequeno detalhe — disse Estevão. — Essa partida vai ser uma ótima oportunidade para vocês... porque os novos não virão.

— Como é?!

— Nenhum dos novos? Nem Andrea, nem os Pacheco, nem Leguizamon, nem Pili, nem Ortiz... nem Wao?

— Bem, acho que não — respondeu Estevão.

— Mas foram eles que marcaram todos os gols no jogo de ontem! — exclamou Oito.

— É verdade — concordou Estevão —, mas o Ibyss ofereceu uma bolsa de estudos integral para o ano todo e eles aceitaram.

— Então... — falei, temendo o pior.

— Exatamente. Eles vão jogar essa partida pelo Ibyss — declarou Estevão.

— Mas isso é ilegal! — protestou Tomás.

— Eles não podem fazer uma coisa dessas! — completou Marilyn.

— Sim, eles podem, porque são jogos amistosos — explicou Estevão — e o campeonato ainda não começou.

Resumindo: não tínhamos treinadores e nossos melhores jogadores iam jogar pelo time adversário.

— Como eu disse, é uma ótima oportunidade para vocês — acrescentou Estevão. — Vamos, melhorem essa cara. Todo mundo pra dentro do ônibus.

Entramos no ônibus com cara de quem ia a um enterro.

Ao nosso enterro.

O Ibyss ia arrebentar com a gente.

Dessa vez, Aflito tinha razão.

44

O Ibyss tinha contratado uma treinadora profissional.
Havia trazido um jogador infantil do Liverpool.
E tinha comprado os melhores jogadores do nosso time.
Não era justo.
Mas era assim.

A viagem de ônibus até a praça pareceu uma eternidade, apesar de ter durado só dez minutos.

Ninguém sabia o que dizer.

Sermos traídos assim pelos nossos companheiros tinha sido um golpe.

Nem Estevão se atreveu a falar alguma coisa.

Toda a cidade estava nos esperando na praça.

Com cartazes, bandeiras... e, claro, frigideiras.

Quando ouvimos o barulho das frigideiras, percebemos que não valia a pena lamentar. De qualquer jeito, tínhamos que entrar no campo e jogar.

Dessa vez, não havia jornalistas nem câmeras de tevê.

Parecia que a prisão do Sebastião tinha atraído toda a atenção da imprensa.

E, no último jogo, Wao não havia feito nada mágico.

Tinha marcado um gol incrível.

Mas não havia voado nem afastado a bola com a mente.

Então, o interesse pelo garoto chinês tinha desaparecido de uma hora para outra.

Assim que descemos do ônibus, a primeira pessoa que vimos entre a multidão foi nossa treinadora.

Ou seja, minha mãe.

Ela estava lá com um sorriso de orelha a orelha.

— Bem-vindos! Como vocês estão? — disse ela.

— Bom... bem... mais ou menos...

Claro, ninguém estava entusiasmado.

— Vamos nos preparar! — falou minha mãe, sem perder o ânimo.

Atravessamos a praça entre os gritos, aplausos e comentários das pessoas.

Tínhamos que jogar a última partida.

Sem desculpas.

Estava claro que naquele ano não íamos participar do campeonato.

— Ei, vocês! — chamou uma voz.

Nós nos viramos e lá estavam eles.

Andrea, os Pacheco, Ortiz, Leguizamon e Pili.

Com a camisa do Ibyss.

— Sem ressentimento, galera — falou Andrea. — Não é nada pessoal.

Ficamos nos encarando.

Era muito estranho vê-los ali de camiseta branca.

Eles também tinham feito o pacto dos Futebolíssimos.

E dois dias depois nos traíram.

Todos nós pensamos nisso.

Mas ninguém disse nada.

Não era necessário.

Camunhas deu um passo à frente.

E perguntou:

— Cadê o chinês?

Andrea encolheu os ombros.

— Ninguém o viu — respondeu Pili.

— Ele sumiu — acrescentou Ortiz.

— Então tomem muito cuidado, porque hoje eu sou o goleiro — avisou Camunhas.

E disse isso bastante convencido.

— Vamos, pessoal! — insistiu minha mãe.

E a seguimos até o vestiário.

Bem, na real, não tínhamos vestiário.

Como o jogo era na praça, cada time entrou numa loja ou coisa assim.

Nós entramos na lanchonete que fica em frente à fonte.
Enquanto nos trocávamos, o clima não estava muito bom.

— Vejam quem veio nos incentivar — falou minha mãe.

E lá, diante de nós, apareceu Mutuca. Nosso professor de matemática.

— Eu achava que você não gostava de futebol — comentou Helena.

— E não gosto, zzzzzzz — respondeu Mutuca. — Mas fiquei sabendo do que aconteceu com os treinadores e com os colegas que o Ibyss levou, e queria dizer que tudo isso se resolve com uma operação matemática.

— Era o que faltava — bufou Toni. — Você vai dar uma prova surpresa agora?

— Hoje é domingo — lembrou Anita.

— Não, não. É uma equação muito simples — respondeu Mutuca.

Ele pegou o quadro-negro da lanchonete, onde estava escrito "menu", apagou tudo e escreveu alguns números com giz.

— É exatamente isto que vai acontecer hoje no jogo.

Então nos mostrou o quadro-negro.

Todos nós olhamos para ele sem entender muito bem o que significava.

— Vamozzz ver, caro Francisco — disse Mutuca, apontando para mim. — Pode explicar essa equação, por favor?

— Ai — falou minha mãe —, claro que pode. Além disso, ele andou tendo aulas particulares com Marilyn e está muito mais focado em matemática e...

— Por favor, Joana — interrompeu Mutuca.

Olhei para o quadro-negro e li o que estava escrito:

— Sete é igual a sete.

— Muito bem. E o que isso significa? — insistiu Mutuca.

— Então...

— Então significa que vamos jogar sete contra sete — respondeu Marilyn.

Eu olhei para ela.

De repente, me pareceu que até uma equação tão simples como aquela ela entendia melhor que eu. Estava arrependido de ter feito aquela aposta, de ter dado um beijo nela e, principalmente, de ter mentido para ela. E pensei que Marilyn era uma ótima capitã do time.

— Não importa que eles sejam muito bons ou que todos

achem que são muito melhores — continuou Marilyn. — Eles são sete e nós somos sete. Essa é a única verdade.

— A matemática não engana, zzzzzz — afirmou Mutuca.

— Somos sete contra sete e temos as mesmas probabilidades — acrescentou Helena.

— Exato, zzzzzz.

— Obrigado por vir nos incentivar — disse minha mãe ao Mutuca.

Olhei para Marilyn e disparei:

— Eu te peço desculpas na frente de todos pelo que aconteceu nesses dias, pela aposta, por tudo...

— Fica quieto! — cortou Marilyn. — Temos que ir lá fora e ganhar daqueles filhinhos de papai que pensam que podem comprar tudo.

— Isso mesmo! — exclamou Oito.

— A gente pode ganhar deles — falou Toni.

De repente, ficamos animados de novo.

E tudo por causa de alguns números.

Às vezes, a matemática é muito mais do que parece ser à primeira vista.

— Ah, e uma última coisa — disse Marilyn. — Desde ontem estou com vontade de fazer uma coisa e vou fazer.

Marilyn se aproximou do Camunhas na frente de todo mundo.

— Não me venha com empurrão de novo, por fav... — pedia ele.

Mas Marilyn o pegou.

E em vez de empurrá-lo...

... o beijou.

Ela deu um beijo no Camunhas!

Na boca!

Em seguida, ela olhou bem para ele e declarou:

— Esse beijo não é por uma aposta, nem por nenhuma bobagem dessas. É um beijo que eu te dou porque tenho vontade. Entendeu?

Camunhas fez que sim com a cabeça.

Ele estava muito surpreso.

E vermelho de vergonha.

Mas dava para perceber que tinha gostado.

Todo mundo aplaudiu e riu.

— Bem, bem, chega de beijos e de matemática — disse minha mãe. — Vamos lá pra fora ganhar o jogo!

45

Não cabia um alfinete na praça.

Tinha gente em todo lugar.

Nos bancos, em pé, nas sacadas...

Nossa escalação era: Camunhas, Aflito, Tomás, Marilyn, Helena, Toni e eu, Canela.

Os verdadeiros Futebolíssimos.

E o Ibyss ia jogar com o goleiro loiro, Pacheco, Pili, Andrea, Ortiz, Leguizamon e McArthur.

Quase todos os jogadores que tinham nos roubado nas últimas horas.

Minha mãe estava no banco, aplaudindo.

— Vamos, vamos, vamos!

Numa sacada, de pé, estavam Jerônimo Florente, o diretor do Ibyss e Estevão.

O árbitro estava no centro do campo, pronto para apitar o início do jogo.

E então apareceu quem faltava: Deng Wao.

Chegou vestido de goleiro.

Foi para o meio da praça e falou:

— Desculpar chegar atrasado.

Muito sério, o árbitro disse que não se deve chegar atrasado aos jogos.

— Você precisa ser pontual — afirmou ele.

— Eu saber — respondeu Wao —, mas essa noite alguém quebrar vidraça agência de viagens e pichar "Fora, chineses!", e meus pais muito preocupados, e eu não saber se poder vir jogar até último momento, e agora estar aqui.

— Muito bem — disse o árbitro. — Então vá para seu lugar, que vamos começar.

Todos nós olhamos para Wao. Era o toque final. Com ele de goleiro, o Ibyss era uma equipe indestrutível.

Wao se aproximou do nosso campo e falou:

— Eu não ir para Colégio Ibyss. Eu jogar no Soto Alto se vocês quiser.

Incrível!

No caso de não termos entendido, ele reforçou:

— Talvez eu ir pra China amanhã, não saber, mas hoje jogar com vocês... se quiser.

Claro que queríamos!

Era o melhor goleiro da história do campeonato infantil!

E tinha recusado a oferta de bolsa do Ibyss!

Pude ver pelo canto do olho como o diretor do Ibyss, na sacada, mexia a cabeça de um lado para o outro, negando, como se dissesse "que equívoco".

— Você aí, chinês — chamou o diretor do Ibyss. — Ainda dá tempo. Se jogar conosco, terá bolsa de estudos integral para os próximos três anos. Pense nisso: é agora ou nunca.

Um burburinho percorreu a praça.

Wao levantou a cabeça e falou:

— Não me chamar chinês; me chamar Deng Wao.

E veio para nosso campo.

As pessoas começaram a aplaudir.

Ganhando ou perdendo, tudo tinha valido a pena por aquele momento.

Wao se aproximou do Camunhas e declarou:

— Você jogar goleiro titular, eu no banco. Se você precisar de mim, eu entrar.

Camunhas olhou para Marilyn.

Olhou para mim.

E então disse:

— Nada disso, cara. Você joga como titular. E estou feliz por estar no banco. Vamos massacrar eles!

E foi direto para o banco.

As pessoas estavam entusiasmadas com tudo o que estava acontecendo.

Quique aproximou-se do filho e deu um abraço nele.

Tinha sido um gesto muito bonito do Camunhas depois de tudo o que tinha acontecido.

— Bom, a novela vai continuar ou vamos jogar uma partida de futebol? — perguntou o árbitro.

E, sem esperar mais, apitou.

Finalmente o jogo pôde começar.

46

O primeiro tempo se resumiu em uma palavra: goleiros.

Foi uma partida muito aberta.

Sem muita organização.

E com muitas oportunidades.

Mas nada de gols.

Eles dominaram muito mais, mas também tivemos nossos momentos.

Eu chutei a gol, assim que o jogo começou, sozinho na frente do goleiro do Ibyss, mas ele espalmou a bola para fora.

Helena e Toni também tiveram algumas boas chances.

Mas não adiantou.

Eles não jogavam muito organizados e ainda assim deram muitos chutes a gol.

Toda vez que pegavam a bola, saíam em disparada para o nosso gol e chutavam.

De fora da área.

De dentro.

À queima-roupa.

De cabeça.

De falta.

Inclusive um pênalti que Tomás fez sem querer, como sempre.

McArthur bateu com toda a força.

Mas Wao levantou uma perna sem mover o resto do corpo e mandou a bola para fora.

Foi um baile.

Deng Wao pegava tudo.

Cada defesa que fazia era acompanhada por um "uuuuuuuu" muito longo e, em seguida, por aplausos de toda a praça.

Quase sempre eram defesas que pareciam muito simples, não porque fossem, mas porque Wao quase não se mexia.

Era como se ele rebatesse a bola quase sem esforço.

Levantava um braço.

Uma mão.

Um pé.

Apenas o suficiente para mandar a bola para longe do gol.

No fim do primeiro tempo, alguém gritou:

— Vinte e três defesas do Wao! Um recorde mundial! Assim não tem como!

Era a treinadora Robinson, que parecia desesperada.

Não sei se era um recorde mundial, mas era um montão de defesas.

A treinadora levou os jogadores do Ibyss para fora do campo enquanto gritava para eles, misturando os idiomas.

Pude ver como Andrea, Ortiz e Leguizamon estavam bem preocupados.

Nós entramos na lanchonete durante o intervalo.

Aconteceram duas coisas que mudariam tudo que ia acontecer ali.

A primeira foi uma recepção.

E a segunda, uma despedida.

Dentro do vestiário, quer dizer, dentro da lanchonete, duas pessoas muito importantes esperavam pela gente: Felipe e Alícia.

— Desculpem por não termos vindo antes — disse Felipe.

Olhamos para Alícia, que geralmente é a que fala mais, mas naquela manhã de domingo ela estava quieta, de pé, atrás de Felipe.

— Você está bem, Alícia? — perguntou minha mãe.

— Não muito — respondeu ela —, mas eu não queria deixar de vir ao jogo. Ainda mais sabendo o que o Ibyss fez.

— Sebastião não vai voltar? — quis saber Tomás.

Todos nós nos viramos para ele, olhando-o como se tivesse dito uma besteira.

Houve um silêncio constrangedor.

— Tomás, é melhor não tocarmos nesse assunto — falou minha mãe. — Ai, esses meninos...

— Tudo bem — disse Alícia. — É normal vocês quererem saber. Sebastião, pelo visto, cometeu muitos erros e deve muito dinheiro ao banco e ao governo. Ligaram para a gente agora há pouco, dizendo que foi solto e que será julgado, quando será decidido o que acontecerá com ele. Embora tenha feito muitas coisas que eu não acho certas, ele é meu pai, eu o amo e espero que tudo termine bem, mas acho que durante algum tempo a gente não vai ver ele por aqui.

Então Alícia abraçou Felipe, muito emocionada.

— Não se preocupe, amor. Tudo vai se arranjar — consolou ele.

E se beijaram.

— Isso... Desculpe — interrompeu Toni. — Podemos falar sobre futebol, por favor?

Todos nós rimos.

Até Alícia e Felipe.

— Foi pra isso que viemos — afirmou Felipe.

E começaram a nos dar instruções.

A primeira coisa era fazer o Ibyss correr. Eles estavam muito mais cansados do que nós, porque a maioria tinha jogado toda a partida do dia anterior.

Tínhamos que abrir espaços e obrigá-los a correr mais.

A segunda e mais importante: trocar a bola entre nós. Não tentar fazer jogadas individuais.

— Além disso, se fizermos vários passes e triangulações, como sabemos fazer, eles terão que correr atrás da bola — orientou Alícia.

— Era isso que eu pensava — disse minha mãe.

Então eles fizeram alguns esquemas no quadro-negro.

E revisamos a marcação de cada jogador adversário.

De repente, tínhamos treinadores de novo.

Embora minha mãe estivesse muito entusiasmada e interessada, na real, era ótimo ter Felipe e Alícia de volta.

— E a última coisa — falou Felipe. — Não podemos deixar Deng Wao sempre sozinho, acreditando que ele vá pegar tudo... Aliás, onde está Wao?

Wao tinha desaparecido outra vez?

Não sei se ele tinha poderes ou não, mas ele certamente tinha muita facilidade para desaparecer.

Olhamos em todos os lugares, porém não o encontramos.

A porta da lanchonete se abriu.

E Estevão apareceu com cara assustada.

Suspirou profundamente.

E então anunciou:

— Deng Wao foi levado para a delegacia.

O quê?!

— Mas quem o levou? — perguntei.

— Seu pai — respondeu Estevão.

48

Todos nós saímos correndo do vestiário, quer dizer, da lanchonete.

E lá estava Wao no meio do campo de futebol, quer dizer, da praça.

Ao lado dele estava meu pai, com seu uniforme de policial.

— O que aconteceu, Emílio? — quis saber minha mãe.

Ele nos olhou fixamente.

— Acho que Wao tem uma coisa para dizer a vocês — respondeu.

O pai e a mãe de Wao também estavam ali, olhando para o filho, tentando entender o que estava acontecendo.

— Fui eu — disse Wao.

293

— Mas do que você está falando? — perguntou Alícia.

— Eu quebrar vitrine da agência duas vezes e fazer pichações "Fora, chineses!" — revelou Wao.

O próprio Wao era o culpado?

Como assim?

E, principalmente, por quê?

— Como você pôde fazer uma coisa dessas? — indagou minha mãe.

— Primeira noite que vocês reunir na fábrica, eu espiar — contou ele.

— Esse foi o barulho que ouvi! — exclamei.

— Sim, quase me pegar, mas eu esconder — explicou Wao. — Depois quebrar vitrine com tijolos de fábrica, muito simples. E fazer pichação com tinta branca de agência de viagens, tudo fácil muito.

— Não, não — falou minha mãe. — Quero dizer, como você pôde fazer uma coisa dessas? Não percebe o desgosto que está dando aos seus pais? E toda a confusão na cidade?

— Joana, por favor, não é hora de repreendê-lo. O coitado do garoto já tem muitos problemas — disse meu pai.

Eu dei um passo e me aproximei do Wao.

— Por que você fez isso? — perguntei.

— Porque eu querer ir embora — respondeu ele com tristeza. — Muita gente da cidade não tratar bem, meus pais não felizes. Eu querer voltar para Tianjin.

Wao tinha feito aquilo para que seus pais decidissem voltar para a China.

— Fico com muita pena, Wao — lamentou Helena. — Aqui tem muita gente que quer que vocês fiquem.

Ele olhou para ela e não falou mais nada.

— Bom. Agora Wao, seus pais e eu vamos para a delegacia — avisou meu pai. — Vão prestar depoimento e registrar a ocorrência.

— Desculpe, Emílio, sei que é sua obrigação — disse Alícia —, mas você não pode esperar o fim do jogo para levá-lo?

Todos nós olhamos para meu pai.

— Precisamos do Wao um pouquinho mais — continuou Felipe.

O segundo tempo já ia começar.

E Wao era nossa estrela.

— É claro — respondeu meu pai —, é claro... que não. O que vocês acham? Que isso é uma brincadeira? Uma infração foi cometida, e, mesmo que seja menor de idade, ele precisa entender que não pode fazer essas coisas.

— Mas, Emílio, é apenas um garoto! — exclamou minha mãe.

Meu pai ajeitou o uniforme e afirmou:

— O que ele fez é grave, e minha obrigação é fazer as coisas corretamente. Que sirva de lição para todos. Agora nós vamos para a delegacia e vocês vão jogar a partida da melhor maneira que puderem. Ah, e acho que todos devem pedir desculpas ao Quique.

Nós nos voltamos e lá estava o pai do Camunhas.

— O que estão olhando? — perguntou ele.

— Desculpe por eu ter pensado que você era o culpado, Quique — falei.

— É que, como você estava na prisão — disse Marilyn —, todos nós pensamos isso.

— E, como você tinha falado essas coisas sobre os chineses... — emendou Toni.

— E a agência era sua... — acrescentou Tomás.

— Bom, chega de bobagens — interrompeu Quique. — Eu disse coisas de que não estou orgulhoso, e sou eu quem pede desculpas a vocês. Wao, desculpe por ter feito você se sentir mal na cidade, eu realmente sinto muito. E agora quero pedir uma coisa muito importante para todos...

Olhamos para ele com atenção.

Quique se aproximou.

E falou:

— Que vocês ganhem desses presunçosos do Ibyss!
Todos nós rimos.
E exclamamos:
— Sim! Vamos! Vamos ganhar!
Meu pai levou Wao e os pais dele.
Pouco antes de entrar no carro, Wao nos olhou e disse:
— Xinxin!
Não sabia o que significava, mas parecia uma invocação mágica.
— Obrigado, Wao — falei.
Então o carro de polícia do meu pai arrancou e eles foram embora.
E nos preparamos para o segundo tempo.

Pouco antes de começar, minha mãe pediu licença a Alícia e Felipe, veio até a gente e aconselhou:

— Não se esqueçam de uma coisa: vocês são uma equipe e eles não. Eles só estão jogando juntos há poucos dias. E, no futebol, o mais importante é sempre a equipe.

Todos nós balançamos a cabeça como se disséssemos: "Sim, é verdade, sim, sim".

Mas então Aflito soltou:

— Você tá certa, Joana, mas não é a mesma coisa jogar com Camunhas no gol, em vez de com Wao, desculpe.

Isso também era verdade.

— Peraí! — disse eu. — Camunhas é o nosso goleiro, o goleiro dos Futebolíssimos.

— Dos Futeboliquê? — perguntou minha mãe.

Mas não havia tempo para explicações.

Camunhas foi para o gol e falou:

— Vamos lá, pessoal!

E o árbitro apitou o início do segundo tempo.

49

Na primeira jogada do segundo tempo, os jogadores do Ibyss chegaram a nossa área com três toques.

Então McArthur deu uma chicotada tão animal que Tomás teve que sair da frente.

A bola foi direto para o gol a toda a velocidade.

Por um momento, pensei que Camunhas também ia sair da frente. Mas, em vez disso, com a maior convicção, ele disse:

— Xinxin!

Deu um passo adiante, com os punhos à frente.

E espalmou a bola para fora.

Foi uma superdefesa.

— O que será que significa "xinxin"? — perguntei.

— Sei lá — respondeu ele —, mas é legal dizer isso.

Marilyn riu e olhou para ele com ternura.

Não havia tempo para conversar.

O jogo não parava nem um segundo.

Na praça, ouvíamos cada vez mais gritos e pancadas nas frigideiras.

Alícia e Felipe gritavam do banco.

A treinadora Robinson gritava ainda mais, como se fosse um duelo de gritos.

Tentávamos fazer triangulações e passar a bola, mas não estava fácil, porque eles pressionavam no campo inteiro.

— Mas você não falou que eles iam se cansar? — perguntou Toni para Felipe.

— Daqui a pouco eles cansam, com certeza — falou nosso treinador.

Mas ninguém parecia cansado.

Muita coisa estava em jogo.

Então, o time todo se esforçou para continuar correndo e jogando.

Os minutos passavam e ninguém tinha feito gol.

Na sacada, o diretor do Ibyss e Estevão pareciam prestes a ter um enfarte.

Camunhas fez outra grande defesa, pegando uma bola que Ortiz chutou de direita.

— Esse é o nosso filho, Trini? — perguntou Quique para a mulher. — O que você deu pra ele no café da manhã?

As defesas do Camunhas incendiaram o público e fizeram a gente jogar ao máximo.

Começamos a tocar a bola de primeira, com o time inteiro participando.

Toni colocou a bola entre as pernas do Pacheco depois de fazer uma tabelinha com Helena e então chutou forte e colocado. Na trave.

Um minuto depois, Helena cabeceou um cruzamento da Marilyn, mas a bola não entrou por muito pouco.

Andrea reagiu com um chute cheio de efeito que acertou o travessão quando nós já estávamos vendo a bola na rede.

Aflito e Tomás lutavam com McArthur em cada escanteio e em cada falta.

O jogo estava quase acabando e ninguém conseguia marcar um gol.

Daquele jeito, terminaríamos empatados de novo.

A bola não parecia querer entrar em nenhum dos gols.

Até que no último minuto aconteceu uma coisa.

Uma dessas coisas que só acontecem muito, mas muito raramente.

Como diria o Mutuca, foi um 7.

51

— Golaçooooo do Canela!!!

Fiquei deitado de costas, vendo o céu azul sobre a praça da cidade, até que o rosto da Helena com seus olhos enormes encheu tudo.

Então ela me puxou para cima e me deu um abraço muito apertado.

Depois todos os outros chegaram.

Eles me carregaram nos ombros e eu quase caí.

Pela primeira vez na vida, me senti o herói da partida.

O árbitro apitou o fim do jogo.

O Soto Alto derrotou o Ibyss.

1 a 0.

Nós íamos participar do campeonato!

Estevão dava pulos na sacada e parecia que ia cair a qualquer momento.

— Dá-lhe piscina aquecida! — dizia.

Minha mãe, a mãe do Camunhas, a mãe da Marilyn e todas as mães da cidade gritavam, riam e corriam pela praça.

Quique abraçou Camunhas no gol.

Felipe e Alícia pareciam a ponto de chorar de emoção.

Até Toni olhou para mim e disse:

— Muito bem, Canela.

Lá estávamos outra vez os nove Futebolíssimos.

No meio da praça.

Juntos.

Prontos para participar do campeonato.

E para o que viesse.

52

Na segunda-feira, recebemos a notícia assim que chegamos à escola: o Ibyss tinha comprado a vaga do Colégio Luís Otero no Campeonato Interescolar.

Ou seja, depois de tudo aquilo, naquele ano íamos jogar contra eles numa partida oficial.

Mas ainda faltava muito para isso.

Antes, muitas outras coisas tinham que acontecer.

Wao não apareceu na escola naquele dia.

Meu pai me contou que, depois de prestar depoimento na delegacia, Wao tinha ido para casa com os pais. Pelo jeito, eles tinham decido ir embora da cidade.

Então, depois da aula, Helena e eu fomos até a agência de viagens. Queríamos nos despedir dele.

Fiquei feliz por ir com Helena. Olhei para ela de canto enquanto caminhávamos e pensei que Helena era a menina mais bonita de Sevilhota.

Era o que eu pensava.

— O que você tá olhando, Canela? — perguntou ela.

— Nada — respondi, com cara de bobo.

Não estávamos sozinhos.

Atrás de nós, a alguns metros de distância, estavam Camunhas e Marilyn.

Parecia que eles estavam se dando muito bem.

Quando chegamos à casa do Camunhas, eles nos disseram que ficariam por lá.

— Marilyn vai me dar aulas de matemática — explicou Camunhas, sorrindo.

Marilyn e Helena trocaram um olhar e sorriram.

— Fico feliz — falei com sinceridade.

Então, Camunhas e Marilyn continuaram falando sobre geometria, e acho que sobre outras coisas também, e nós fomos até a agência de viagens.

Lá vimos Deng Wao puxando uma grande mala com rodinhas até uma van. Ele acenou quando nos viu.

Atrás dele estavam seus pais, tirando todas as coisas da agência e colocando na van.

— Você vai voltar pra Tianjin, Wao? — perguntei.

— Não — respondeu ele.

— Ah, não? Que bom! — falou Helena, surpresa. — Achei que vocês iam voltar pra China.

— Não — disse Wao calmamente. — Ir para outra cidade aqui mesmo.

— Pra onde? — indaguei com curiosidade.

Wao se aproximou de nós e contou:

— Para Madri. Lá eu fazer testes no Atlético.

Helena e eu nos olhamos.

Depois de tudo o que tinha acontecido, ele ia jogar no Atlético!

— Te desejo muita sorte — disse Helena.

Os pais dele carregaram as malas e disseram algo em chinês.

Wao também se preparou para entrar na van.

Talvez fosse a última vez que o víamos.

— Wao — falei —, tenho que te perguntar uma coisa antes de você ir: como você defendeu aquelas bolas?

Deng Wao olhou para mim.

Antes que pudesse responder, acrescentei:

— Você realmente voou, Wao? Você desviou a bola com a mente?

Wao encolheu os ombros.

E pela primeira vez sorriu.

Não falou nada.

Bom, sim, ele disse uma coisa:

— Tchau, Helena e Canela.

E fechou a porta.

A van começou a andar e Helena e eu a olhamos enquanto descia a rua.

— Tchau, Deng Wao.

Xinxin!

Fontes: Layout e Princetown
Papel: Offset 90 g/m²